쇼핑이
죄 가
될 때

Shopping
by Michelle A. Gonzalez

Originally published in English under the title *Shopping*.
as a part of Compass: Christian Explorations of Daily Living series,
by Augsburg Fortress, Minneapolis, MN, USA.

쇼핑이 죄가 될 때

미셸 곤잘레스
홍병룡 옮김

필요한 것과 욕망하는 것 사이에서 분별력 갖기

포이에마
POIEMA

쇼핑이 죄가 될 때

미셸 곤잘레스 지음 | 홍병룡 옮김

1판 1쇄 인쇄 2015. 6. 5. | **1판 1쇄 발행** 2015. 6. 10. | **발행처** 포이에마 | **발행인** 김강유 | **책임 디자인** 이은혜 | **해외저작권** 차진희, 박은화 | **제작** 김주영, 박상현 | **제작처** 재원프린팅, 금성앨앤에스, 정문바인텍 | **등록번호** 제300-2006-190호 | **등록일자** 2006. 10. 16. | 서울특별시 종로구 북촌로 63-3 우편번호 110-260 | 마케팅부 02)3668-3243, 편집부 02)730-8648, 팩시밀리 02)745-4827

값은 표지에 있습니다. ISBN 978-89-97760-29-9 03230 | 독자의견 전화 02)730-8648 | 이메일 masterpiece@poiema.co.kr | 좋은 독자가 좋은 책을 만듭니다. | 포이에마는 독자 여러분의 의견에 항상 귀를 기울이고 있습니다.

이 도서의 국립중앙도서관 출판예정도서목록(CIP)은 서지정보유통지원시스템 홈페이지(http://seoji.nl.go.kr)와 국가자료공동목록시스템(http://www.nl.go.kr/kolisnet)에서 이용하실 수 있습니다.(CIP제어번호: CIP2014034440)

더 잘 살고 싶어 하는 것은 잘못이 아니다.
잘못은 '존재'보다 '소유'를 지향하고,
더 나은 존재가 되려고 더 많이 소유하려는 대신,
인생을 즐기는 것 자체를 목적으로 삼아
더 많이 소유하려는 생활방식에 있다.

요한 바오로 2세

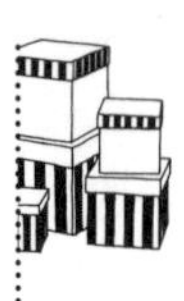

차례

S H O P P I N G

추천의 말

일상생활에서 쇼핑은 필수 덕목이다. 의식주와 관련된 생활필수품을 구하기 위해 모두가 쇼핑을 한다. 특히 경제 세계화 시대에 쇼핑은 적절한 주제다. 세계화 체제는 곡식을 수확하고 옷을 만들고 집을 짓는 사람들에게 구매자를 연결시켜준다. 쇼핑은 심지어 선물을 주거나 손님을 대접하는 등 기독교 신앙의 주요 관행에도 초창기부터 연관되었다. 우리가 쇼핑하는 이유는 대부분 다른 사람에게 뭔가 주기 위해서일 것이다. 하지만 21세기 미국인의 삶에서 쇼핑은 그 자체를 목적으로 삼을 때도 있고, 경제 성장이나 애국심이나 오락 같은 목적을 이루기 위한 매개 활동일 수도 있다. 지난 몇 년 동안 많은 정치가는 국가 차원의 공익을 위해 쇼핑을 하라고 부추겼다. 광고들도 나서서 쇼핑 행위에 특유의 즐거움이 있다고 선전한다. 쇼핑 중독의 등장은 쇼핑 자체가 이 행위를 통해 구매하는 물건보다 더 중시될 수도 있음을 보여준다. 살기 위해 쇼핑하는 게 아니라 쇼핑하기 위해 사는 시대가 되고 말았다.

그렇다면 기독교 신앙은 쇼핑에 대해서도 입장을 갖고 있을까? 이 책의 저자인 미셸 곤잘레스에 따르면 그렇다. 저자는 성경의 기록과 가톨릭의 사회운동, 밀접한 연결망으로 짜인 지구촌의 실제 쇼핑 사례를 검토한 후, 죽을 때까지 쇼핑하고 쇼핑하기 위해 살아가는 미국식 소비주의나, 쇼핑은 죄악이고 쇼핑으로 구매한 물품은 오염되었다는 기독교 반물질주의의 양극단을 피해 쇼핑의 새로운 관점을 제공한다. 이 과정에서 비인격적인 쇼핑이 야기하는 꼴사나운 모습만큼이나 인간이 손으로 빚은 것들의 아름다움에 주목하게 될 것이다. 그 결과 기독교 신앙의 핵심인 미와 정의와 충만함을 반영하는 쇼핑의 관점을 재정립할 수 있을 것이다.

데이비드 젠슨

오스틴 장로교 신학교 교수

들어가는 말

그리스도인이 쇼핑을 좋아해도 되는가

내 사무실 바깥에는 만화로 가득 찬 게시판이 있다. 하나만 빼고는 모두 정치, 인종, 사회 정의 문제를 다루는 풍자가 애런 맥그루더의 연재만화 〈분덕스〉의 장면들이다. 그 하나는 사제가 고해소에 앉아 있는 모습을 담은 비자로(Bizaro, 한 컷 만화-옮긴이)이다. 미닫이 망 너머로 익명의 신자가 "저는 프라다 구두를 팔고 있어요"라고 고백하는 장면이다.

이 만화는 여러 가지 이유에서 공감을 불러일으킨다. 가장 중요한 것은 이 가련한 신자가 이탈리아 명품 가게에서 일하는 데 수치심과 죄책감을 느끼고 있다는 점이다. 나라면 고해소 망 너머에 앉아서 "프라다에서 일하고 있어요"라고 말하는 대신, "프라다를 살 수 있었으면 좋겠어요"라고 중얼거릴 것이다. 무슨 잘못이 있단 말인가? 그의 다른 만화들도 마찬가지로 흥미를 일으킬 수 있다. 나는 가톨릭 신자로서 〈분덕스〉 만화가 다루는 사회 정의, 가난한 사람들과의 연대, 성 정체성의 이슈 등에 관심이 많은 편이다. 물론 프라다 가방 하나가 내 남편 고향인 과테말라에서는 열 명 가족의 일 년 치 식량과 맞먹는다는 사실을 잘 알고 있다. 그런데도 나는 명품 프라다를 갖고 싶은 욕구가 있다. 또 프라다를 원하는 마음 때문에 죄책감을 느낀다. 잘못인 줄 알면서도 여전히 갖고 싶은 것이다. 이처럼 신앙과 가치관에 위기가 닥치면 곧장 고해소로 달려가는 것도 좋은 방법이다.

이런 갈등 덕분에 이 책을 쓰게 되었다. 이 책에서 나는 일상적인 쇼핑 행위가 세계 차원에서 그리스도인에게 어떤 의미를 갖는지 살펴보고자 한다. 내가 미국에 살고 있으니 미국 그리스도인이 우선 대상이다. 오늘날 미국 문화로 규정되는 소비주의, 자본만능주의, 탐욕적인 소비 행태를 비판적으로 관망하며 씨름하는 그리스도인들을 염두에 두고 있다는 뜻이다. 쇼핑을 멈출 도리는 없다. 아마 독자 가운데는 나처럼 쇼핑을 좋아하는 사람도 있을 것이다. 자신에게 필요한 것과 자신이 욕망하는 것을 가끔 혼동하기도 한다. 게다가 사회는 계속해서 뭔가를 사라고 우리를 부추긴다. 미국이란 나라는 특히 9.11사태 이후 테러 퇴치 수단이나 재정 적자 해소 방안으로 쇼핑을 내세우는 유일한 나라가 아닌가 싶다. 길거리 광고판은 물론 텔레비전이나 잡지 등 어디로 눈을 돌려도, 자동차나 옷이나 평면 TV 등을 구입하라고 속삭이는 광고 일색이다. 소비만능주의의 일등 공신 애플이 만든 이 시대 최고의 제품 아이폰은 계속해서 신제품을 사고 싶은 마음을 불어넣는 한편, 이미 구입한 아이폰에 새로운 프로그램을 추가하라고 부추긴다. 소비문화의 산물이 더 심각한 소비주의를 견인하고 있는 셈이다.

나는 예수님의 이 말씀을 자주 생각하는 편이다. "한 사람이 두 주인을 섬기지 못할 것이니 혹 이를 미워하고 저를 사랑하거나 혹 이를 중히 여기고 저를 경히 여김이라. 너희가 하나님과 재물을 겸하여 섬기지 못하느니라"(마 6:24). 또 기독교 사회 운동 관점에서 노동자를 옹호하고 자본주의를 비판하는 책을 읽는다. 가난한 자의 편에 서는 해방신학에 깊게 공감한다. 하나님을 재물보다 우선시하라는 성경의 가르침도 자주 묵상한다. 하지만 나는 21세기 미국에서 살고 있는 사람이다. 직업이 대학 교수이니 글로벌한 경제 체제에서는 매우 부유한 사람에 속한다. 나는 번번이 욕구와 필요, 안락과 사치 사이의 미묘한 경계선에서 씨름한다. 내가 구매하는 물품 가운데는 노동자가 정당한 보수를 받지 못한 것이 있다는 사실을 알고 있다. 아울러 그런 저소득 일자리만이 그들의 유일한 수입원이라는 사실도 잘 안다.

이 책은 이런 종류의 갈등과 씨름을 탐구한다. 이 책이 다루는 질문들은 다음과 같다. 신실한 그리스도인이 쇼핑을 좋아해도 될까? 쇼핑은 죄악인가? 상품을 좋아하는 마음은 하나님과의 관계에 걸림돌이 될까? 앞에서 언급한 대로, 이 책은 쇼핑을 죄악으로 정죄하는 반물질주의에 동의하지 않는다. 그렇다고 또 다른 극단에 빠져서 사람보다 상품을 우선하기 쉬운 물질주의 풍조를 따르는 것도 아니다. 양극단의 중간 어딘가에서, 즉 일상생활의 긴장이 서려 있는 어느 지점에서 바람직한 입장을 발견할 수 있을 것이다.

이 책은 세 장으로 구성되어 있다. 1장은 소비주의와 물질주의가 어떻게 미국을 자본주의 사회로 만들어왔는지 살펴본다. 쇼핑 행위에 대한 '첩첩의 묘사'를 통해 우리의 일상적인 소비 행위를 글로벌한 경제 체제에 비추어 조망할 것이다. 즉 가볍게 뭔가를 구입하는 행위로도 우리는 다른 세계의 사람들과 연결되어 있다. 특히 미국인이 돈을 사용하는 방식은 다른 가난한 국가 사람들에게 중대한 영향을 미치기 마련이다. 이와 관련된 여러 신학 문제들도 제기된다. 가장 기본적인 현안은 물론 미국 사회에 깊이 배어 있는 물질주의다. 사람보다 상품을 더 가치 있게 여기는 풍조를 기독교는 어떻게 봐야 할까? 미국 그리스도인들이 구매하는 의류와 커피가 다른 나라 노동자를 착취한 결과라는 걸 알면서도 가볍게 구매해도 좋은지 난감하다. 공정거래 커피나 건전한 노동환경에서 만들어진 옷이 인증을 받는 만큼, 그렇지 않은 상품은 비인간적인 환경에서 생산되었음을 직시하지 않으면 안 된다. 미국의 경우, 상품의 과잉소비와 사재기는 이미 관례가 되었다. 이런 풍조가 미국 문화와 사회의 특징이 된 것이다. 또 다른 현안은 세계화다. 쇼핑을 통해 우리는 지구 반대편에서 우리가 구입하는 물건을 재배하고 생산하는 사람들과 실질적으로 연결된다. 우리 눈에 불의하게 여겨지는 노동 조건이 지구촌의 수백만 명에게는 유일한 수입원이라니, 참으로 다루기 힘든 현실이다. 노동 착취와 실업 상태 중에서 뭐가 더 나쁜가? 미국 사람들은 보통 자신이 소비하는 상품의 생산 현장에서 멀리 떨어져 있다. 나는 이 사실을 과테말라의 커피농장에서 2년간 사는 동안 절감했다. 커피를 심고 재배하고 운반하고 세척하고 가공하는 과정을 목격하고, 또 거기에서 일하는 일꾼이 얼마나 적은 보수를 받는지 알고 나서는 커피 한 잔이 예전과 같을 수 없었다. 이 책은 우리가 구매하고 소비하는 상품의 공정과정과 관련 노동자들에 관해 구체적으로 생각해보도록 도울 것이다. 이 점과 관련해 종교 소비주의도 다룬다. 종교 예전이나 성물이 어떻게 소비상품이 되었는지에 초점을 맞출 것이다. 더불어 의복이 어떻게 종교성의 상징뿐 아니라 소비주의의 산물이 되었는지 검토하면서 종교 의상과 패션의 만남에 대해서도 다룰 것이다.

2장에서는 쇼핑에 대한 기독교의 입장을 다룬다. 1장에서 개관한 현안들에 대한 기독교의 해답을 찾는 데 도움이 되는 자료들이 제시된다. 기독교 전통의 두 가지 측면으로서 성경과 가톨릭의 사회운동에 초점을 맞추고 있다. 2장의 목표는 독자에게 우리가 몸담고 있는 현 세계의 상황을 다룰 수 있는 틀을 제공하는 것이다.

성경에서 소비주의, 물질주의, 쇼핑 관행을 나타내는 단락을 검토하고, 가톨릭의 사회 운동이 중요한 세계적 현안을 어떻게 다루었는지 소개할 것이다. 2장 역시 독자가 자신의 신앙 전통과 영성을 좀 더 포괄적으로 살펴볼 수 있게 돕는 일종의 초대장이다. 내가 제시하는 가톨릭의 사회 운동은 전통적으로 제도교회가 자본주의 사회에서 소외된 자들을 어떻게 돌봐왔는지에 바탕을 두고 있다. 이는 공익의 차원에서 기독교의 가난한 자에 대한 관심을 보여주는 뚜렷한 본보기다. 물론 가톨릭의 사회 운동은 일상생활보다는 구조적인 문제에 초점을 맞추는 경향이 있다. 그래서 여기서는 구조적인 신학적 비판을 일상생활과 최대한 연계시키고자 한다.

3장은 쇼핑 행위에 대한 건설적인 대안을 제안한다. 앞에서 다룬 기독교 입장에 비추어 쇼핑에 대한 이해를 넓히고, 글로벌한 지구촌에서 그리스도인다운 소비자가 된다는 것의 의미를 찾는다. 일상적인 쇼핑 행위를 진지하게 여기는 것은 기독교 신학과 영성에서 어떤 의미를 갖게 될 것인가? 이 책은 일상적인 삶과 행위를 구체적으로 들여다보고, 자신의 신앙을 (지구촌에 미치는 영향을 고려하지 않은 채 내리는) 일상의 결정들에 보다 분명히 통합할 수 있는 길을 모색하려고 한다.

이 책은 영성을 삶의 특정한 차원으로 국한시키는 입장에 동의하지 않는다. 어쩌면 하찮게 보이는 행위의 중심에 기독교 신앙을 두는 입장이다. 그래서 몸과 아름다움의 중요성도 강조할 것이다.

몸과 외모에 관심을 두면 하나님과의 관계에 방해가 된다고 생각하는 사람들이 많다. 이 책은 반대 입장에서 외모를 신앙생활의 일부로 존중하고 있다. 하지만 사회정의의 관점에서 볼 때, 외모에 대한 관심은 피상적인 물질주의와 적정선을 유지할 수밖에 없다.

이 책의 목표는 기독교 신앙이 어떻게 일상생활에 영향을 미치는지 살펴보는 것이다. 흔히 영성을 삶과는 분리된 종교적인 영역에 국한된 것으로 보지만, 일상의 행위를 강조하게 되면 영성이 우리 삶에 어떻게 스며드는지 이해할 수 있다. 이 책은 소비주의, 물질주의, 세계화 등이 물건을 구매하는 행위에 어떤 영향을 미치는지 살펴봄으로써, 그리스도인에게 합당한 쇼핑 행위의 기독교적 관점을 제시할 것이다.

일상생활은 세계를 구성하는 사회적 그물망의 토대이다. 이 책은 일상과 구조의 상호관계에 주목한다. 글로벌한 경제 체제에서 북미의 대형 마트에서 옷 한 벌을 사는 구매자는 남미의 가난한 공장 노동자와 연결되어 있다. 이에 그리스도인은 어떻게 반응해야 할까? 기독교의 정의와 연대는 그리스도인이 돈을 소비하는 방식에 어떤 영향을 주고 있을까? 이 질문들에 대한 해답을 탐구하는 것이 이 책의 초점이다. 그 전제는 우리가 무엇을 위해, 얼마나, 어떻게 쇼핑하고 있는지가 신앙생활에 직접 영향을 미친다는 것이다.

1

◇◇

쇼핑:
소비주의와 세계화

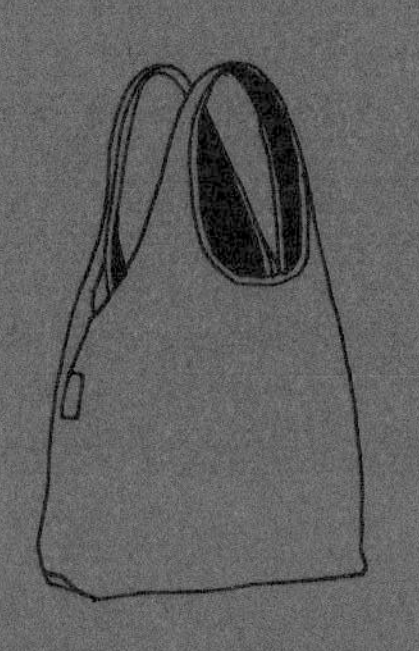

“

우리는 과거에 문명을 건설했지만,
지금은 쇼핑몰을 세우고 있다.

빌 브라이슨

”

나는 지금 과테말라에서 가장 아름답다고 손꼽히는 아티틀란 호숫가에서 한 여학생 옆에 서 있다. 가톨릭 신자인 나는 선교여행의 일환으로 미국 대학생 팀과 함께 남편의 고향인 산루카스톨리만에 있는 마야 공동체에서 사회정의 활동을 수행 중이다. 여학생은 지금 아홉 살쯤 됨직한 소년과 흥정을 하고 있다. 목걸이와 귀걸이를 팔고 있는 소년은 목걸이 한 개에 4달러를 내라고 했다. 여학생은 너무 비싸다며 목걸이 두 개와 귀걸이 두 세트를 합쳐서 4달러에 사겠다고 협상한다. 여학생은 이미 화려한 색채의 마야족 무늬 옷감과 지갑 등으로 터질 듯한 배낭 속에 목걸이와 귀걸이를 구겨 넣으며 자랑스럽게 말한다. "교수님, 보셨지요? 저는 이제 흥정에 자신이 있다고요." 나는 여학생 너머로 소년을 바라보았다. 소년의 엄마가 너무 적은 돈에 너무 많이 주었다고 야단치는 모습이 눈에 들어왔다. 나는 그 자리에서 울분을 토로하고 싶었다.

여학생은 착한 아이다. 사회정의에 대한 의식도 있다. 산루카스로 오기 위한 준비과정에서 필요한 온갖 궂은일도 솔선수범한 학생이다. 봉사활동에도 열심히 참여한다. 사실 이 여행에 합류한 학생들 모두 착한 아이들이다. 장차 이들이 이 나라의 지도자가 되리라 생각하면 안심이 되는 그런 유형들이다. 술도 별로 마시지 않고 부지런하고 다른 나라의 빈곤 문제에도 관심이 많다. 이처럼 똑똑하고 헌신적인 학생들이 가난한 마야족 소년과 1-2달러를 놓고 옥신각신하는 모습을 보고 나니 전율이 일지 않을 수가 없다. 흥정이 끝나고는 기껏 1-2달러밖에 깎지 못했으니 별것 아니라는 식이다. 그리고 흥정하는 행위를 하나의 도전이나 경쟁시합으로 보기 시작한다. 산루카스의 현지인들은 평균 열 명의 자녀를 두고 있고 한 달에 120달러 정도로 먹고살기 때문에 1-2달러도 그들에게는 큰돈이라는 것을 나는 잘 안다. 그래도 나는 침묵을 지킨다.

> 우리 경제생활에는 현재 소유하고 있는 것과 마땅히 소유해야 한다고 생각하는 것 사이에 틈새가 있다. 이것은 경제적 문제가 아니라 도덕적인 문제이다.
>
> 폴 헤인

나는 여러 팀과 함께 산루카스를 방문했고, 그곳에서 2년 동안 살기도 했다. 갈 때마다 수공예품을 사는 사람들 사이에서 똑같은 일이 반복되는 것을 발견했다. 남녀노소를 막론하고 관광객들은 아름다운 물건이 너무나 싸다는 데 감탄하면서도 더 싸게 사려고 애쓴다. 마야족의 자부심과 문화적 상징인 아름다운 옷감들을 놓고 흥정하는 장면을 자주 목격한다. 마야족에게 '트라제traje'라는 전통 복장을 입는 것은 자신들 유산에 대한 자부심을 드러내는 것이다. 하지만 이런 전통은 서양식 의상 때문에 서서히 사라지고 있다. 많은 학자들은 마야 문명의 외적인 상징이 사라지는 것은 마야 문명이 서양 문화에 동화되고 있음을 보여주는 지표라고 생각한다. 그렇지 않아도 값싼 물건을 더 값싸게 만들기 위해 미국의 방문객이나 여행객이 흥정의 기술을 발휘하는 걸 보면 놀라울 지경이다.

내가 왜 침묵을 지켰는지 나도 모르겠다. 나도 흥정을 하느냐고? 절대로 안 한다. 남편은 한다. 남편은 원주민 출신이라 여행자 가격이 아니라 '과테말라인' 가격을 원하기 때문이다. 나도 마음의 갈등을 느끼긴 하지만 일부러 말하지는 않는다. 여행객에게는 가격이 조금 올라간다는 것을 나도 알고 있다. 그래봐야 1-2달러 정도니까 여행객이 흥정해서 깎으면 정상적인 가격에 사는 셈이다. 물론 전혀 못 파는 것보다는 파는 게 낫다는 사실도 알고 있다. 내 마음에 걸리는 것은 물건 값을 깎는 사람들의 눈에 비치는 번뜩임 때문이다. 문맹과 오염된 물로 얼룩진 마야족 마을에서조차, 또 자신이 열심히 번 돈으로 이곳까지 자원봉사를 하러 온 사람들 속에서도 여전히 생생하게 살아 있는 미국의 소비주의 때문이다.

나는 쇼핑한다, 고로 존재한다

미국 경제는 소비에 기초해 있다고 해도 과언이 아니다. 미국은 쇼핑을 일종의 심리 상담으로 간주해서 '쇼핑 요법'이란 말까지 창안해냈다. 사람들은 신용카드의 명목으로 수천 달러씩 빚을 쌓아놓는다. 또 다수가 자기 형편대로 사는 것을 만족스럽지 않거나 바람직하지 않다고 생각한다. 터놓고 말해서 돈이 충분하지 않다고 여긴다. 무엇을 갖게 되든 항상 그보다 더 많이 원하게 되는 소비 욕구는 도무지 만족할 줄을 모른다.

미국이 소비주의에 물든 유일한 나라는 물론 아니다. 하지만 미국의 소비주의는 도무지 만족시킬 수 없다는 점에서 타의추종을 불허한다. 미국의 소비주의는 늘 뭔가 새로운 것을 원하게 만들어내는 데 바탕을 두고 있다. 즉 미국 소비문화의 특징은 소비자를 늘 불만족스런 상태에서 더 많은 것을 원하고 현재의 소유에 만족할 수 없게 만드는 것이다. 현대 미국의 자본주의 경제에는 절제라는 것이 없다. 충분성의 가치가 완전히 왜곡되어 있고 과도함이 정상적인 것으로 여겨진다. 소비자는 자신이 원하는 것과 자신에게 필요한 것을 구별하기가 무척 어렵다. 옷 한 벌, 전자 장비 하나면 모든 게 완벽해질 것처럼 선전하는 광고의 포화에 늘 노출되어 있기 때문이다. 이 제품만 사면 우리의 문제가 전부 해결될 수 있다고 떠들어대는 광고에 이끌려 새 제품을 사는 재미도 잠시,

금방 싫증이 나서 또 다른 신제품이 나타나길 기다리고, 또 그것을 구입하는 재미에 빠지는 순환이 끝없이 반복된다.

우리는 모두 쇼핑을 한다. 사람마다 정도의 차이는 있지만 쇼핑도 인류를 하나로 묶어주는 공통점이다. 과테말라의 마야족 마을에서 살 때 나는 길거리 시장에서 매주 세 번씩 쇼핑을 하곤 했다. 주로 과일과 야채 등 몇 가지 식품에 국한되었지만, 그것도 일종의 쇼핑이다. 시장이 열리는 날은 가장 붐비고 활기가 넘쳤다. 마을 전체가 뭔가 새롭고 색다른 것을 건지리라는 희망으로 온통 왁자지껄했다.

미국은 쇼핑에도 기술이 필요하다는 문화를 창조했다. 과거에 바느질하는 법을 알아야 했다면 지금은 쇼핑하는 법을 알아야 한다. 오늘날 미국에서 스스로 옷을 만들어 입는 인구는 극소수에 불과할 것이다. 대부분의 사람들은 남이 만든 옷에 의존하는데, 문제는 그들이 열악한 환경에서 그 일을 한다는 점이다. 이에 대해서는 뒤에 좀 더 자세히 다룰 것이다. 여기서는 순전히 필요하기 때문에 쇼핑하는 법을 알아야 할 만큼 경제 자체가 쇼핑에 의존하고 있는 상황에 집중하겠다. 만일 사람들이 뭔가 꼭 필요할 때만 가게에 간다면 우리 경제는 조만간 무너지고 말 것이다. 우리 경제는 과도한 소비 풍조에 전적으로 의존하고 있기 때문이다. 소매 시장은 이미 포화상태를

부란 큰 재산을 소유한 것이 아니라 원하는 것이 별로 없는 상태를 말한다.

에스더 드 왈

넘어섰다. 너무나 많은 가게와 물건과 선택의 자유가 도처에 널려 있다. 쾌락주의를 피하고 검소하게 살기 위해 소비를 제한하자고 토론하는 일은 가능하지만, 실제 그렇게 되면 미국 경제는 큰 타격을 받을 것이다.

아마도 반론을 제기하고 싶은 사람이 있을 것이다. 미국에 사는 대다수의 사람이 그렇게 살고 있을지 몰라도 나 자신은 그렇지 않다고 말이다. 가족과 친구, 종교와 일 같은 좀 더 의미 있는 것에 가치를 두고 있고, 소비주의 문화 '속에' 몸은 담고 있지만 그 문화에 '속하지'는 않았다고 항변하는 것이다. 그러나 스스로 인정하든 말든 우리는 현재의 문화적 가치관을 수용하고 있다. 소비주의를 무너뜨리려고 적극적으로 노력하지 않는 한, 우리도 어쩔 수 없이 그 문화의 일부라는 뜻이다. 또 소비주의는 우리 사회의 전반적인 가치관을 반영하고 있다. 우리가 무엇을 어떻게 소비하고 생산하는가는 우리 문화의 가치관을 반영하는 법이다. 더 값싼 물건을 갖기 위해 부당 노동을 외면하는 국가는 노동자의 삶보다 물건의 값을 우위에 두는 나라다. 마찬가지로, 전 세계에서 인구 대비 소비량이 지나치게 많은 국가는 인류의 자원 고갈 문제에 별로 신경을 쓰지 않는 나라다.

소비주의는 하나의 이념이다. 이것은 기독교의 가치관에 정면으로 배치되는 가치 체계이다. 소비주의는 섬기고 사랑하고 베푸는 것 대신 차지하고 즐기는 것을 더 중시한다. 소비주의의 중심에는 소유와 쾌락이 있다. 소비주의라는 단어를 쳐다보고 있으면 그 어원인 '소비'가 내게 확 달려드는 것만 같다. 소비하는 것은 곧 삼켜버리는 것이다. 그렇다. 그것은 먹는 것과 유사하다. 아무리 많이 먹어도 결국 다시 배고프기 마련이다. 물건이란 것도 마찬가지다. 물건에 대한 욕망의 고삐를 풀어놓으면, 어쩔 수 없이 소비와 만족과 배고픔의 순환구조에 빠질 수밖에 없다.

소비주의가 기독교의 가치관에 배치된다고 해서 그 자체의 영성이 없다는 뜻은 아니다. 물질주의를 위해 영성을 거부하는 것이 아니다. 오히려 그 자체가 일종의 영성일 수 있다. 한 사람의 정체성이나 세계관은 그가 소유하는 상품에 의해 형성될 수 있다는 말이다. 쇼핑은 곧 여가를 보내는 방식이요, 가족과 함께하는 시간이자, 친구와 연대를 맺는 방식이다. 9.11사태를 겪고 고통스러워하던 사람들은 쇼핑하라는 권면을 받았다. 쇼핑은 위로와 안정감을 제공하기 때문이다. 사람들이 쇼핑을 그만두면 장래에 대한 불안감을 야기할 수 있다. 일자리와 경제와 장래에 대한 염려가 시작된다. 충분히 납득할 수 있는 일이다. 앞에 언급했다시피, 우리 경제는 열광적인 소비생활에 기초해 있기 때문이다.

소비주의는 아주 낭만적이고 신나는 일이다. 하지만 한켠에 불안함이 들어 있기도 하다. 무엇을 구매하든 그것으로 충분치 않고, 어떤 상품도 결코 완전히 만족시켜줄 수 없기 때문이다. 그래서 누구나 언제나 더 많은 것을 원하게 되고, 따라서 시장은 언제나 더 많은 구매 행위를 기다리고 있다. 획기적인 성능을 가진 신형 자동차, 한 달도 안 된 전화기를 구식으로 보이게 하는 최신형 전화기, 평소에 좋아하던 옷을 하룻밤 사이에 한물가게 만드는 새 디자인 등이 우리의 시장과 문화를 주도한다. 심지어는 학자들조차 그들이 시인하든 않든 이런 소비주의 문화의 일부이다. 고등교육을 주무르는 사업이나 책을 판매하는 출판사업이든 대부분의 생계가 소비주의 경제에 종속되어 있다.

일회용 소비주의

내 생애 최초로 스타벅스에 걸어 들어가던 순간이 여전히 기억난다. 조지타운에서 대학을 다니던 때였는데, 한 친구가 뒤퐁 서클에 있는 '시애틀 커피 플레이스'로 나를 데려간 것이다. 자동차로 15분쯤 걸려 도착해보니 사람들이 둘러앉아 책을 읽고 커피를 마시고 있었다. 그런 모습이 생소했던 것은 아니다. 당시 나는 프랑스 파리에서 1년간 공부하고 온 직후라 한가로이 커피를 마시는 사람들의 모습에 꽤 익숙했기 때문이다. 다만 미국 스타벅스는 뭔가 어색하다는 느낌이 들었다. 처음 스타벅스에 간 순간은 기억나는데, 스타벅스가 생기기 이전의 삶은 별로 기억나지 않는다. 이것은 반스앤노블이나 보더스 같은 대형 서점에도 그대로 적용

된다. 어린 시절에 동네 서점에 가서 어떻게 책을 고르고 돈을 냈었는지 잘 기억나지 않는다. 대형 체인 서점에 들어가서 커피를 마시며 잡지를 읽고, 아이들이 책을 읽거나 한쪽에 마련된 장난감을 갖고 노는 모습이 저절로 연상된다. 두 살밖에 안 된 우리 아이도 스타벅스라는 말을 할 줄 안다. 나는 소비주의의 산물이자, 또 이를 촉진하는 사람이다.

옛날에는 지금보다 훨씬 많은 일반 서점과 다방들이 있었고, 지금처럼 커피에 휘핑크림을 얹어 마시지 않았다는 것을 나는 안다. 스타벅스와 반스앤노블 같은 체인점이 급성장하자, 소비주의의 가장 부정적인 결과라고 할 수 있는 사회의 획일화가 일어났다. 지금은 미국 어디를 가도 똑같은 가게가 있고 모두가 똑같은 생산품을 소비한다. 전에 지역마다 각기 달랐던 독특한 모습은 어디론가 사라져버렸다. 이처럼 경제적 문화적 획일화 현상을 세계적인 차원에서 묘사할 때는 '세계화globalization'라는 용어를 사용한다. 대형 체인점은 획일화 현상 외에도 시장에 새로운 품목을 소개할 때 마치 필수품인 것처럼 보이게 만든다는 특징이 있다. 요즘 커피는 밀크셰이크 비슷한 모양이 되었고, 뜨거운 음료의 양이 작은 양동이에 가까워졌다. 이렇게 설탕을 잔뜩 넣은 초대형 음료를 마시다 보니 미국인의 비만증이 더 심해지는 건 아닐까. 이는 음식과 상품에 대한 과한 욕심이 정상으로 간주되는 미국의 현실을 드러내는 징표이다.

상품에 대한 욕심은 그것이 가치를 갖고 있다는 통념에 기초한다. 물론 이 가치는 시장이 부과한다. 유명 디자이너가 만든 300달러짜리 티셔츠와 마트에서 대량생산한 15달러짜리 티셔츠의 질은 사실 현격하게 다른 것은 아니다. 패션 산업의 기반은 디자이너의 명성이 상품 가격을 높인다는 생각에 있다. 하지만 디자이너의 가치는 순전히 인위적으로 만들어낸 것이다.

> 우리는 과거에 문명을 건설했지만, 지금은 쇼핑몰을 세우고 있다.
> 빌 브라이슨

물론 고급 섬유와 가죽을 이용하고 직접 수공으로 만든 옷이라면 더 많은 노동이 들어간 만큼 가격도 올라야 마땅하다. 하지만 궁극적으로 옷이란 몸을 가려주고 비바람으로부터 몸을 보호해주기 위해 있는 것이다. 패션이란 '역할' 이상의 가치를 인위적으로 만들어낸 것이다. 그 반대편에 내가 일회용이라고 부르는 값싼 옷들이 있다. 많은 상점들은 연중 한두 번 입을 수 있는 누구에게나 '적당한' 옷을 판매한다. 오래 입지 못하는 이유는, 한두 번 이상 입기에는 너무 유행을 타고, 품질이 나빠서 한두 번 입으면 찢어지기 때문이다. 즉 스타일과 품질 면에서 모두 일회용에 불과하다.

하지만 패션 산업은 옷이 그 수명을 다하기도 전에 구식이 되게 만드는 것으로 우리 문화의 중심에 섰다. 다시 말해, 몸을 가려주고 보호해주는 옷의 기능을 충분히 발휘할 수 있는데도 불구하고 일찌감치 폐기처분한다는 뜻이다. 즉 패션은 궁극적으로 위조품인 셈이다. 상품이 갖고 있는 시간 제약은 패션 산업에 국한되지 않는다. 전자제품도 혁신적인 테크놀로지의 미명 아래, 시장에 출시된 지 얼마 되지 않아 한물가기 마련이다. 식품 산업은 인간의 수명을 연장하기 위해 끊임없이 신상품을 내놓고 있다. 건강식품과 관련된 기술 혁신이나 과학 발전에 반론을 제기하려는 것은 아니다. 이 분야 역시 사람들의 사고 싶은 욕망을 자극해 끊임없이 신상품을 구입하게 만드는 시장의 속성에 충실한 돈벌이 산업임을 지적할 뿐이다.

상품은 일시적인 일회용의 성격을 갖고 있기 때문에 진정한 가치는 없다. 우리에게 제공하는 안정감도 위장된 것이고, 수명도 짧고 일시적이므로 큰 의미가 없는 것이다. 나는 아이패드나 게임기나 블라우스에 큰 관심을 두지 않는다. 반면에 어머니가 나와 내 자녀들을 위해 남겨주신 사진이나 작은 기구들은 소중히 여긴다. 이런 것들이 어머니의(나의) 역사와 정체성을 담고 있기 때문이다. 내가 잠시 소유하고 있는 상품들에 관해서는 그렇게 말할 수 없다. 그래서 나는 내 자녀들에게 무슨 추억거리를 물려줄지 생각해보곤 한다. 블랙베리 스마트폰? 갭 청바지? 닌텐도 게임? 우리 집에 널려 있는 이런 상품들은 집안 대대로 내려오는 추억거리 같은 관계 지속적인 가치를 갖고 있지 않다.

우리가 소비하는 상품은 인격적인 가치가 없는 만큼 추상적이기도 하다. 다시 말해 그 상품을 만든 사람이나 장소는 우리와 아무런 연관이 없다. 자신이 사용하는 일상적인 상품을 생산하는 데 어떤 노동이 개입되는지에 대해서도 거의 모른다. 나는 과테말라에 살다가 미국으로 돌아온 뒤에 이 점을 절실히 느끼게 되었다. 내 남편의 고향은 커피 생산 지대에 속한다. 나는 11월이면 농부들이 커피 45킬로그램을 등짐에 지고 산에서 내려오는 모습을 목격하곤 했다. 상인은 커피의 무게를 달아보고 나서 농부에게 돈을 지불했다. 가공생산을 맡은 이들은 커피 열매에서 콩을 따서 가공하고 콘크리트 난간에 펼쳐놓고 며칠 동안 말린다. 그러고 나서 손으로 나쁜 콩을 골라내고 알맞게 굽고 갈아서 포장을 한다. 우리의 아침을 깨우는 커피 한 잔에는 몇 달 동안의 노동이 고스란히 담겨 있는 셈이다.

나는 과테말라에서 이를 목격한 뒤로는 도무지 예전처럼 커피를 마실 수 없었다. 나는 가끔 집안을 천천히 둘러보면서 이런 물건을 만드는 데 얼마나 많은 손길과 시간이 들어갔을까 생각해보곤 한다. 대형마트에서 상품을 살 때는 이를 생산한 사람으로부터 멀리 떨어져 있다. 하지만 마야족 마을의 길거리 시장에서 쇼핑하는 일은 인격적인 교류에 가깝다. 거기서는 내가 먹게 될 식품을 기른 농부들과 얼굴을 맞대기 때문이다. 오늘날 생산자인 농부와 직거래하는 시장이 점점 성장한다고는 하지만, 구매자가 상품의 생산자와 연줄을 맺기에는 여전히 요원하다.

오락 소비주의

소비주의를 논하는 데 광고의 홍수를 빠뜨릴 수 없다. 앞에서도 언급했지만, 우리는 뭘 사야 할지, 뭘 반드시 장만해야 하는지 끊임없이 상기시키는 이미지의 폭격을 받고 있다. 어디에서도 광고를 피할 수 없다. 오스카나 그래미 같은 시상식은 사실상 패션쇼와 다름없다. 초대된 배우들은 무슨 영화에 출연했는지보다 무슨 옷을 입고 왔느냐는 질문을 받는다. 관심의 초점은 그들의 연기보다 그들의 외모와 치장에 있다.

소비주의는 텔레비전 프로그램에도 깊이 침투했다. 소비주의 자체가 하나의 오락 활동이다. 〈섹스앤더시티〉 같은 드라마는 처음부터 전국에 마놀로 블라닉 슈즈 열풍을 일으켰다(적어도 여성들과 일부 남성에게). 〈오프라 윈프리 쇼〉는 윈프리가 '좋아하는 물건들'을 방영해서 관련 상품들의 붐을 가져왔다. 어떤 상품이든 오프라 쇼에 출연하기만 하면 대박을 터트릴 것이 뻔하다. 소비주의와 오락을 결합한 이른바 메이크오버Makeover 쇼도 등장했다. 패션 메이크오버 쇼인 〈입어서는 안 되는 것What Not to Wear〉에서는 형편없는 옷차림의 출연자에게 5,000달러를 주면서 자기 옷장을 내다버리고 새로운 것을 구매하도록 유도한다. 머리모양과 화장에 대한 조언은 물론이고 이성의 평가도 쇼에 등장한다. 다수의 출연자는 형편없는 옷차림의 배후에는 체중 증가, 가족의 죽음,

마지못해 연명해가고 있다는 딱한 사연들을 털어놓는다. 쇼의 끝에서, 신상품을 입고 나타난 주인공들이 눈물을 글썽이며 멋지게 보이는 자신들의 모습에 환호하며 기분이 훨씬 좋아졌다고 고백한다. 그들의 사연 많은 인생은 쇼핑과 약간의 머리염색만으로 훨씬 나아진 것이다. 그런 쇼를 시청하는 우리(그렇다, 나도 이 쇼를 즐겨 본다)는 도대체 한 시간 동안 무엇을 하는 것일까? 누군가 쇼핑하는 것을 구경하고 있는 것이다.

이런 유형의 쇼는 여성 시청자만을 대상으로 하지 않는다. 〈퀴어 아이Queer Eye for the Straight Guy〉에서는 남성 출연자들을 변신시키고 그들의 집을 개조해주었다. 이런 변신 프로그램은 대개 인생의 전환점을 마련해준다는 선전과 함께 인기를 얻는 듯하다. 실제 그럴 수도 있다. 하지만 소비주의와 텔레비전의 연맹은(가정용 메이크오버 쇼도 수없이 많다) 우회적으로 '쇼핑을 하면 변할 수 있고, 그 변화는 지금보다 더 나은 것'이라는 메시지를 전달한다.

> 구매 행위에는 굉장한 즐거움이 있다.
>
> 시몬 드 보부아르

물론 순수한 마음으로 쇼핑하는 사람들도 있다는 걸 잘 안다. 하지만 모든 쇼핑이 다 순수한 것은 아니다. 소비주의의 강조는 파괴적인 습관과 가치관에 빠지게 할 위험이 있다. 우리가 소유하는 물건이 우리를 소유하게 되는 경우가 너무나 많다. 진정으로 소중히 여겨야 할 것들은 대개 금전적인 가치는 없다. 물건은 강박증을 품게 만든다. 물건이 인간관계보다 중시되고 혈과 육을 가진 인간보다 우선시되는 것이다. 쇼핑은 건강한 인간관계와는 달리 우리의 정체성이 사물과의 관계에 의해, 사회가 부여하는 가치관에 의해 규정되게 만든다.

현대 기술의 축복인 편의기구는 여러 면에서 장단점이 있다. 그들에 의존하게 되면 그들이 인간의 관계를 비인격화시킨다. 집무실에서 몇 걸음도 안 떨어진 곳에 있는 동료에게 걸어가서 얼굴과 얼굴을 맞대고 얘기하는 대신에 이메일을 보낸 적이 얼마나 많은지 헤아릴 수 없다. 이 시대는 또 소비재가 사회적 지위의 지표가 되어버린 세상이다. 미국인들은 자신을 더 이상 이웃과 비교하는 게 아니라, 자신이 동경하는 부자와 비교한다. 이와 관련해서는 누가 무슨 기구를 갖고 다니는지, 누가 무슨 차를 타고 다니는지, 누가 무슨 옷을 입고 있는지 대단히 친절히 알려주는 신문과 텔레비전과 블로그와 웹사이트의 역할이 한몫한다. 지금은 어떤 브랜드를 입느냐에 따라 우리의 정체성이 좌우되는 시대다. 우리가 입는 옷에 따라 새로운 정체성을 덧입게 되는 것이다.

브랜드로 정체성이 표현되는 만큼 우리의 가치는 경제적인 수준으로 축소되고 우리 존재는 시장에서 매겨지는 가격과 생산성으로 축소되었다. 우리의 지위가 물질적인 것으로 규정된 것이다. 성공은 곧 경제적인 성공을 말한다. 내가 가르치는 대학생들에게서 교육받는 유일한 목적이 좋은 직장을 구하고 돈을 많이 벌기 위해서라는 말을 들을 때면 얼마나 슬픈지 모른다. 나라고 현실을 모르는 것은 아니다. 수많은 학생들이 고등교육을 받느라 거액의 빚을 지고 있다. 교육은 목적을 위한 수단으로 전락했고, 자체의 가치는 상실하고 말았다. 아이디어를 포함한 모든 것이 지금은 일종의 상품이 된 실정이다. 이런 현상은 2008년의 경제 위기와 더불어 뚜렷해졌다. 인문학에는 경제성이 없는 연구 분야라는 이유로 사망선고가 내려졌다. 하기야 오늘날과 같은 소비주의 문화에서 시가 무슨 가치를 갖겠는가?

미국 시민 대다수는 돈을 쓰기 위해 지나친 노동을 하는 악순환 속에 살고 있다. 우리는 더 많이 소비하기 위해 더 열심히 일해야 하므로 가족이나 친구와 함께 하는 자원봉사를 할 수 없다. 일 자체가 하나의 목적이 아니고 우리에게 소비의 권한을 주는 수단이 되었다. 일은 생활을 유지하기 위해 필요한 것이지, 그 자체로 즐거운 것이 아니다. 사실 쇼핑에 대한 강박증은 우리 사회의 더 깊은 질병을 보여주는 전조가 아닐까 싶기도 하다. 자신에게 주어진 것에 만족하는가? 즉 현대사회가 일과 관련해 공동체 의식이나 가치를 제공하지 않는 상황에서도 단지 물질을 소유하는 것으로 만족하고 있는가? 이 문제는 책의 마지막에서 더 깊이 다룰 생각이다. 궁극적으로, 무엇을 어떻게 구매하느냐는 우리가 자신과 타인에게 어떤 가치를 부여하는가를 반영하는 법이다.

노동 소비주의

머리말에도 썼지만 글로벌한 경제 체제, 좀 더 정확히 말해서 글로벌한 가난의 현실에 비추어볼 때 나는 부유한 사람이다. 보통 중산층 미국인은 스스로를 부자로 생각하지 않는다. 아마도 부유함의 정도를 그야말로 엄청난 부로 이해하기 때문일 것이다. 부유한 사람이란 돈에 관해 아무것도 염려하지 않고, 원하는 것이면 무엇이든 살 수 있는 부류로 여기기 때문이다. 그런데 미국 중산층의 부를 세계 인구의 견지에서 평가해보면 그들은 정말 부유한 편이다. 2007년도 UN 인간개발 보고서에 따르면, 세계의 가장 가난한 40퍼센트 인구가 세계가 보유한 부의 5퍼센트를 점유한다고 한다(http://hdr.undp.org/en/). 또 세계 어린이의 절반 정도가 가난하게 살고 있다.

미국은 부유한 국가로서 세계 인구의 5퍼센트밖에 안 되지만 세계 에너지의 25퍼센트 가량을 소비한다(http://hdr.undp.org/en/). 미국에는 고등학교보다 쇼핑몰이 더 많다고 한다(www.mindfully.org). 미국의 소비문화는 세계 환경에도 상당한 영향을 미친다. 지구는 한정된 자원을 갖고 있는데도 미국인은 마치 그것을 독점한 것처럼 무한 양을 소비하고 있다. 다른 국가에서는 미국인이 소비하는 방식으로 결코 소비할 수 없다. 그렇게 되면 지구상의 모든 자원이 순식간에 고갈될 것이다. 이런 소비문화는 미국 역사상 상당히 최근에 일어난 현상이다. 현재의 대량 소비를 가능하게 하는 자원이나 기술은 20세기에 들어서야 가능했기 때문이다. 다시 말해 과도하게 소비하고자 하는 욕망은 언제나 있어왔지만 그럴 만한 능력을 갖춘 것은 비교적 최근의 현상이다.

미국이 보유한 부와 소비문화는 세계의 대다수 인구와 다르기 때문에 '우리'를 '그들'에게서 떼어놓는다. 우리는 부유하다는 이유로 가난한 자들에게서 동떨어져 살고 있다. 이런 고립 상태는 보호 상태라는 허울을 가장하기 마련이다. 가장 고전적인 본보기는 외부인의 출입을 금지하는 주택 단지다. 자동차도 있기 때문에 미심쩍은 가난한 이웃이 사는 지역은 얼마든지 피해 다닐 수 있다. 가난의 현실을 직면하고 싶지 않은 것이다.

하지만 남반구의 사정은 전혀 다르다. 외부인 출입 금지 주택 단지가 있을 수도 있지만, 대다수의 인구가 안고 있는 가난의 현실을 피하기는 매우 어렵다. 아프리카, 라틴 아메리카, 카리브 연안 지역, 아시아의 일부 지역은 미국인이 구입하는 물건들을 생산하는 값싼 노동력의 원천이다. 많은 노동자들은 건강에 해로운 끔찍한 환경에서 일하면서 최소한의 보수를 받는다. 미국인이 죽을 때까지 쇼핑하라는 농담을 만들어내는 동안, 정작 그 노동자들이 죽었다. 영양실조, 통풍시설 미비, 공장이나 들판에서의 장시간 노동 등이 사망의 원인이다. 미국 회사들은 값싸고 풍부한 노동력을 찾아 해외로 눈을 돌리고 있다. 우리가 씨름할 필요가 있는 문제들 가운데 좀 더 어려운 부류에 속하는 사안들이다. 우리가 인정하든 안하든, 우리는 소비주의를 통해 세계적인 노예제도에 참여하고 있는 것이다. 오늘날의 노예제는 과거에 대서양을 넘나들던 노예무역과는 전혀 다른 양상이다. 현재의 노예제는 소유보다는 노동력을 장악하는 문제와 관련이 있다. 옛날의 노예무역과는 달리, 지금은 얼굴도 이름도 알 수 없는 수많은 노동자들이 우리의 소비재를 값싸게 생산해서 공급하고 있다. 종종 기술력도 노동자의 비인간화 과정에 기여한다. 목화 기계의 발명이 결국 미국 노예무역의 증가를 가져온 것처럼, 생산을 더 쉽게 만든 기술력이 값싼 노동력의 착취를 심화시킨다.

그럼 우리 경제의 핵심 관심사는 노동자에서 소비자로 바뀌었을까? 카를 마르크스의 유명한 논제는 19세기 노동자들이 그들의 생산물에서 소외되었다는 것이다. 노동자는 노동의 열매로부터 객체화되고, 그들의 고용인이 노동자 대신 생산물의 소유자가 되었다. 앞에서 내가 제기한 내용과 여러모로 비슷하게도, 마르크스 역시 이른바 '상품의 물신적 특성'이 존재한다고 주장했다. 즉 상품은 자체로 가치 있는 것이 아니라 소비자가 거기에 가치를 부여하기 때문에 가치 있는 것이다. 일종의 추상적 개념인 가치가 부여되면 상품은 문화 상품이 된다. 단적인 예가 디자이너가 만든 의상이다. 마르크스는 노동자를 주관심사로 삼았지만, 오늘날에도 노동자가 그만큼 중요한지는 의문의 여지가 있다. 오늘날 시장을 지배하는 것은 소비자와 소비자 경제의 수요이다. 노동자의 운명이 소비자에 의해 좌우되는 상황이다.

흥미롭게도 소비를 이처럼 강조하는 시대에 우리가 얼마나 소유하고 있는지, 얼마나 쇼핑하고 있는지는 죄책감과 자만심을 불러일으키는 원인이 될 수 있다. 인터넷 혁명 덕분에 이제는 모두 비밀리에 쇼핑을 할 수 있다. 잘 사는 것과 부끄럽게 사는 것이 어떻게 다른지 균형을 잡을 수 있어야 한다. 일부 사람들은 쇼핑하는 방식뿐 아니라 쇼핑한다는 사실 자체에도 의심의 눈초리를 보낸다. 일부 사람들은 외모에 신경을 쓰는 것을 허영심의 표출로 간주한다. 최근의 신문 기사에서 대학 교수를 최악의 옷차림을 한 전문인으로 꼽은 적이 있다. 학문의 전당에서는 외모에 대한 관심이 경박하고 마땅히 진지한 학문과 가르침에 두어야 할 관심을 저버리는 일이라는 분위기가 팽배하긴 하다. 그래서 너무 멋지게 보이는 학자의 지성은 의심받게 마련이다.

> 소비주의는 타락한 미국의 영혼이다.
>
> 벤 니콜슨

이 점은 학문세계에 막 첫 발을 내딛은 여성들에게 문제가 된다. 여성은 좋든 싫든 대체로 패션 산업과 훨씬 많이 관련되어 있기 때문이다. 어떤 분야에 몸담고 있든 여성은 주로 가정을 위해 식료품을 쇼핑한다. 오늘날에도 쇼핑은 여전히 여성의 몫으로 남아 있기 때문이다. 여성과 패션의 관계에서, 여성의 옷과 종교적 정체성 사이에는 긴밀한 상관관계가 있다. 전 세계 종교를 대상으로 실시한 연구 결과에 따르면, 종교의 여성 의복에 대한 규제는 억압의 원천인 동시에 능력을 부여하는 수단이다. 무슬림의 히잡, 가톨릭의 수도복, 인도인의 사리 등, 여성의 정체성과 문화, 거룩함과 의복 사이에는 깊은 연관성이 있다. 종교적인 상황에서는 수수한 모습을 거룩함의 표현으로 이해하는 게 보통이다. 반대로, 외모에 신경을 많이 쓰는 여성은 자동적으로 허영심이 많거나, 최악의 경우 머리가 빈 사람으로 간주되기 마련이다.

현대 여성운동이 시작된 이래 페미니즘의 논란거리 중 하나는 의복과 성적 능력의 관계에 관한 것이다. 종교 진영에서 의복은 남녀를 불문하고 종교 권위의 상징이다. 패션과 종교는 뗄 수 없는 연대 관계이다. 따라서 패션과 종교의 관계에 대해 언급하는 것은 당연하다. 이런 이유로 '라 퀸세아네라*la quinceañera*'라는 소비주의 성향이 짙은 종교적 의례(내가 자란 문화적 배경에서)를 통해 종교 소비주의의 주제를 다루고자 한다.

종교 소비주의

나는 네 살박이 아들과 함께 열다섯 살 정도 되어 보이는 소녀를 바라보고 있다. 내 아들은 소녀를 훑어보고는 고개를 돌려 내 귀에 대고 "공주예요?"라고 물었다. 충분히 이해할 수 있는 질문이다. 바닥까지 흘러내리는, 어깨를 드러낸 핑크색 드레스와 머리카락 사이에 박힌 작은 보석까지 남녀노소를 불문한 수많은 사람들이 소녀의 옷과 화장을 입방아에 올리고 있는 중이었다.

이것이 문자적으로 15세 여성을 의미하는 '라 퀸세아네라'다. 라틴 아메리카 국가의 소녀들이 열다섯 번째 생일을 기념해 치르는 일종의 종교의례이다(물론 미국에 사는 라틴계 사람들도 지킨다). 전통적으로 로마 가톨릭 미사를 올린 다음 가족과 친구들을 위해 파티를 열게 되어 있다. 그러나 오늘날에는 미사는 유명무실해지고 요란한 파티만 성행한다. 종교적인 요소라고는 식사 전에 신부가 기도하는 것밖에 없다. 종교에 바탕을 둔 통과의례가 돈벌이 산업으로 변질된 것이다. 성대한 축하연을 위해 소녀의 가족은 수천 달러를 지불해야 한다. 이 중요한 상업적인 행사에는 선박여행이나 기념사진 등 온갖 부속물이 따라붙는다. 대형 쇼핑몰마다 케이크 절단기, 양초, 인형, 앨범 등 아예 라 퀸세아네라 세트가 진열되어 있다. 얼마나 많은 친구들을 파티에 초대하는가로 경쟁을 벌이다 보니, 이 행사는 라틴 아메리카의 종교의례보다 운전면허를 따는 16세 생일을 기념하는 미국의 '스위트식스틴' 파티에 더 가까워졌다.

나 자신은 15세 생일파티를 열지 않았지만 미국을 비롯한 여러 나라에서 이와 비슷한 파티에 많이 참석한다. 그때마다 이 행사가 종교의례나 기념의 의미에서 완전히 벗어나 그저 파티로 변질된

데 충격을 받곤 한다. 요즘은 라틴계 소녀의 열다섯 번째 생일 축하식이 가족의 전통이나 종교적 맥락에서 치러지는 일은 좀처럼 보기 드물다. 얼마나 사치스럽고 거창한 파티로 변했는지 간혹 가족이 큰 빚을 떠안는 부담이 되기도 한다. 라 퀸세아네라의 상업화 현상은 종교 의례의 상업화 현상과 맥락을 같이하는 현상으로서, 미국식 소비문화의 또 다른 양상이라고 할 수 있다. 물론 이런 현상은 유대교의 남자 성인식(13세, 바르 미츠바)이나 여자 성인식(12세, 바트 미츠바)의 소비 풍조에서도 비슷하리라 생각한다.

그렇다면 "소비주의가 전통을 약화시켰는가?"라는 질문을 던지지 않을 수 없다. 사실 이런 통과의례가 상업화된 이유 중 하나는 미국으로 건너온 이민자 집단이 자신들의 성공을 과시하기 위한 수단을 필요로 했기 때문이다. 즉 미국의 라틴계 가정은 딸의 생일을 계기로 거창한 파티를 열어 친척들과 친구들에게 자신들의 성공을 과시하고 있는 것이다. 즉 라 퀸세아네라는 가족의 경제적 지위를 과시하는 방법이 되었다.

종교 의례나 물품의 상업화 현상은 결코 새삼스러운 일은 아니다. 미국의 크리스마스 풍경, 불교의 염주나 가톨릭의 로자리오 묵주에 등장한 보석, 유대교 카발라의 빨간 팔찌 패션 등이 이와 같은 맥락에 있다. 종교 의례나 물품을 그 바탕이 되는 믿음에서 떼어놓는 것은 위험한 일이다. 관습에 담긴 중요한 의미를 상실하기 때문이다. 소비주의는 종교적 믿음이 그 상징물이나 관행으로

부터 분리되는 현상을 가속화시켰다.

종교가 상업화됨으로써 종교 자체가 문화적 자산으로 변질된 것도 믿음으로부터 관습이 분리된 주요한 계기다. 쿠바의 산테리아 관광이 단적인 예이다. 관광객들은 관람료를 내고 '진정한' 의례를 보여주는 산테리아(Santeria, 아프리카계 디아스포라 종교의 하나) 관광을 즐기게 된다. 이 의례는 관광객을 위해 만든 쇼에 불과한데도 외부인은 진짜 종교 제의를 구경하는 듯한 착각에 빠지는 것이다. 인간 문화의 모든 요소가 그렇듯이 종교 역시 소비주의의 산물로 전락하는 과정에서 그 진정한 의미와 가치를 상실하고 말았다.

> 지구는 모두의 탐욕을 채워주진 않지만 모두의 필요를 채울 만큼은 공급한다.
>
> 모한다스 간디

또한 종교의 상업화 현상은 종교기념일과 쇼핑의 긴밀한 관계에 기초한다. 미국에서 크리스마스 절기는 어떤 의미를 가질까? 분명히 단언할 수 있는 것이 있다. 크리스마스를 맞이하기 위한 네 주에 걸친 대강절이나 대강절에 밝히는 초 등과는 아무 상관이 없다. 오로지 연중 최대 규모의 쇼핑으로 매출이 흑자black ink로 돌아서는 '블랙 프라이데이'일 뿐이다. 추수감사절 다음 날로, 두 휴일을 동시에 아우르는 날이기도 하다. 또한 연말을 앞두고 쇼핑에 쇼핑을 거듭하는 사람들을 위한 할인 기간이기도 하다. 값싼 선물용 상품을 구하느라 그야말로 혈안이 되어 돌아다니는 기간이다.

요즘은 인터넷 덕분에 집안에 앉아서 쇼핑을 할 수 있게 되었으니 훨씬 여유를 부릴 수 있다. 오늘날 쇼핑은 미국에서 하나의 종교가 되었다. 〈보그〉 잡지가 2009년 9월에 발표한 장편 다큐멘터리 〈셉템버 이슈The September Issue〉의 표어는 "패션은 종교, 보그는 성경"이었다. 쇼핑 활동에 관한 웹사이트와 블로그와 토론장은 셀 수 없을 정도다. fashionism.org 같은 온라인 공동체는 쇼핑과 패션에 관한 토론장일 뿐 아니라 여성들을 중심으로 건강, 미용, 자녀양육, 실내장식 등을 논하는 소셜 네트워크이기도 하다. 참여자는 익명으로 참여할 수 있고 범세계적인 공동체를 세울 수 있다. 이런 웹사이트들이 폭발적으로 성장하는 것을 보면 이들이 범세계적으로 유용한 것일 수도 있다. 하지만 이런 가상의 공동체들 때문에 얼굴과 얼굴을 맞대는 실제 공동체들(독서 모임, 자원봉사 단체, 종교 모임 등)은 등한시하는 게 아닌가 싶다.

미국은 스스로 세속적인 국가로 자처하지만, 기독교는 지배적인 종교로서 이 나라의 가치관과 의례에 큰 영향을 미치고 있다. 미국의 화폐에 인쇄된 "하나님을 믿는다in God we trust"의 '하나님'은 알라가 아닐 가능성이 높다. 그리고 미국인이 "하나님 앞에서 한 국가"라는 서약을 할 때 가리키는 하나님도 마찬가지다. 연중 공휴일이나 휴가도 기독교와 관련이 깊다. 미국의 역대 대통령들은 연설 중에 종종 성경을 인용한다. 기독교 담론은 여전히 지배적인 담론 중 하나이고, 기독교의 영향력은 다른 종교 전통의 영향과는 비교가 되지 않을 만큼 강력하다. 낙태, 동성 결혼, 배아 세포 연구 등의 안건들도 기독교 논쟁이나 수사법에 지배되는 경향이 있다. 이처럼 기독교적 가치관이 만연되어 있는 나라인데도 불구하고, 미국은 유독 쇼핑과 소비주의에 있어서는 매우 비기독교적이다. 다음 장에서 살펴보겠지만 과도한 쇼핑과 물질주의는 사실상 기독교의 핵심 가치들에 정면으로 배치된다.

2

◇◇

기독교 입장

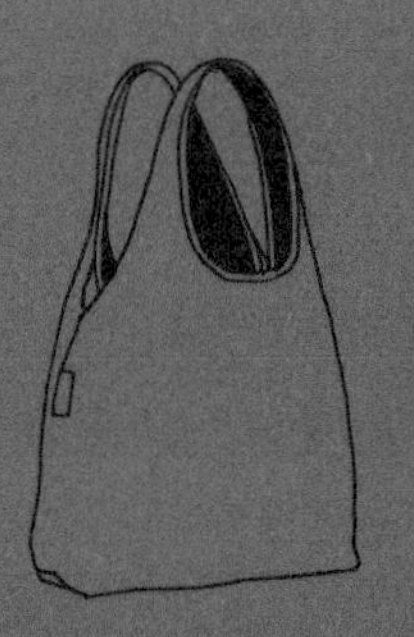

“

매디슨 가와
예루살렘이
무슨 상관이 있는가

빈센트 밀러

”

앞에서는 소비주의가 미국 사회 전반에 미친 영향을 살펴보고, 쇼핑이 반영하고 있는 미국 사회의 가치관을 검토했다. 거듭 말하지만 우리가 쇼핑하는 방식은 결국 우리의 가치관을 반영한다. 물론 이것은 생활필수품의 쇼핑에 관한 말이 아니라, 미국 사회 전반에 팽배한 과도한 쇼핑 문화를 가리킨다. 이제 미국의 또 다른 가치체계라 할 수 있는 기독교로 눈을 돌려볼까 한다. 먼저 앞서 다룬 미국의 상황을 성경의 가르침과 비교해볼 것이다. 다음에는 내가 속한 가톨릭의 가르침을 다루되 소비주의와 경제와 쇼핑에 관한 가톨릭의 사회 교리를 살펴볼 예정이다. 가톨릭의 사회 교리는 기독교 전통을 근거로 미국식 소비주의의 문제점을 다루는 하나의 본보기라고 할 수 있다.

성경

신약성경에는 하나님이 궁극적으로 우리에게 필요한 것을 공급해주시므로 세상의 것들을 염려하지 말라는 가르침이 반복해서 등장한다.

염려하지 말라 마태복음 6장은 부나 재물 같은 것들이 우리와 하나님의 관계에 어떤 영향을 미치는지를 가르친다. 하나님이 먹을 것과 입을 것 등 세상적인 것을 항상 공급해주시므로 그런 것에 염려하지 말라고 권한다. "목숨이 음식보다 중하지 아니하며 몸이 의복보다 중하지 아니하냐"(마 6:25). 예수님은 하나님의 영광으로 옷 입은 자연을 가리키시며, 인간이 음식과 의복 등을 지나치게 염려한다고 질책하신다. 그보다 하나님나라에 초점을 맞추면 그 모든 것이 우리에게 주어질 것이라고 가르치신다. "그러므로 내일 일을 위하여 염려하지 말라. 내일 일은 내일이 염려할 것이요"(6:34). 예수님은 하나님이 우리에게 필요한 것을 공급해주시므로 물질은 그리 중요하지 않다고 주장하시는 것이다.

물질에 몰두하는 태도는 신성함에 초점을 맞추는 태도와 어울리지 않는 면이 있다. 위에 언급한 성경 구절에서 예수님의 말씀은 하나님이 우리의 필요를 채워주시리라 믿으라는 도전이다. 만일 세상적인 것을 지나치게 염려한다면, 일시적인 물질에만 관심을 쏟는 것일 뿐 아니라 우리의 필요를 채워주시는 하나님의 능력을 의심하는 것이다.

영원한 생명과 만족이란 주제는 요한복음에서 예수님과 사마리아 여인이 만나는 장면에도 나온다. 내가 신약성경에서 참 좋아하는 대목인데, 예수님은 사마리아 땅 우물에서 물을 긷는 한 여인과 오랫동안 신학적인 대화를 나누신다. 예수님은 여인에게 땅에서 긷는 물과는 달리 생수를 마시면 영원히 목마르지 않게 된다고 말씀하신다(요 4:14). 여인이 어디에서 그 생수를 구할 수 있느냐고 묻자, 예수님은 하늘에 계신 아버지로부터 온다고 일러주신다. 그러자 여인은 이 물을 달라고 부탁하고 마을로 뛰어가서 사람들에게 예수님을 전한다.

나는 이 대목이 오늘날에 필요한 중요한 메시지라고 믿는다. 특히 미국에 사는 사람들에게 필요한 가르침이다. 마태복음이 우리에게 가르치는 바는 이 세상의 것들을 크게 염려하지 말고 관심의 초점을 재조정하라는 것이다. 하지만 나는 이 말씀을 문자적으로 해석하지는 않는다. 즉 예수님은 기도만 하면 옷과 음식이 우리 앞에 나타날 것이라고 가르치시는 게 아니다. 단지 물질적인 것에만 초점을 맞추지 말라고 권하신다. 우리는 물질에 관해서만 생각하느라 시간을 소모해서는 안 된다. 대신 우리 영성의 중심을 하나님께 두어야 한다. 왜 그런가? 이에 대한 답이 예수님과 사마리아 여인의 대화에 나온다. 이 땅의 물질에 대한 강박증은 언제나 우리에게 더 많은 것을 원하게 만들 것이다. 이 땅의 물질이 일시적으로 갈증을 풀어준다 하더라도 만족감은 일시적인 것일 뿐이고, 결국은 다시 목마르게 될 것이다. 앞에서 묘사한 물질주의나 소비주의와 마찬가지로 물질로 인해 느끼는 만족감은 그 수명이 짧다. 참된 만족감은 생수를 마실 때에만 얻을 수 있다. 하나님을 지향하는 삶을 상징하는 물을 마실 때 비로소 우리는 궁극적인 만족을 얻고 더 이상 목마르지 않게 된다.

> 소비 사회에는 단 두 종류의 노예만 있다. 하나는 중독에 빠진 죄수들이고, 다른 하나는 질투에 빠진 죄수들이다.
>
> 이반 일리치

나는 이 단락을 문자적으로 해석하지 않지만, 다른 누군가 문자적으로 해석할까 봐 염려스럽다. 예수님의 가르침은 물질세계에 지나치게 집착하는 우리에게 중요한 교훈을 주기는 하지만, 나로서는 이런 질문을 재차 던지지 않을 수 없다. 이것이 가난한 자에게는 얼마나 현실적일까? 가난에 찌든 사람들에게 음식과 거처를 "염려하지 말라"고 일러주는 것이 과연 그들에게 진정한 위로가 될까? 오히려 정반대의 효과를 가져오는 것은 아닐까?

또 다른 염려도 있다. 가난한 사람들은 하나님이 필요한 것을 공급하지 않으셨으니 하나님의 눈에서 벗어난 것일까? 다시 말해 물질적인 가난을 일종의 심판으로 보아도 좋은 것일까? 성경에서 어떤 단락을 읽든지 우리의 반응은 자신의 상황에 따라 달라지는 법이다. 하지만 가난한 사람들에게 잘못 해석될 염려가 있음에도 불구하고, 이 단락은 오늘의 소비문화에서 우리에게 의미심장한 도전을 던져준다고 믿는다. 예수님은 우리에게 쇼핑에 너무 집착하지 말라고 말씀하신다. 앞에서 시사한 대로, 예수님은 소유물을 통해 얻는 만족감은 한낫 덧없는 것임을 상기시키신다.

부유한 젊은이 마태복음 19장에 나오는 부유한 젊은이 이야기는 예수님의 재물관을 제시한다. 한 젊은이가 예수님께 와서 영원한 생명을 얻으려면 무엇을 해야 하는지 묻는다. 그러자 예수님은 하나님의 계명을 지키는 일과 더불어 "네가 온전하고자 할진대 가서 네 소유를 팔아 가난한 자들에게 주라. 그리하면 하늘에서 보화가 네게 있으리라. 그리고 와서 나를 따르라"(마 19:21)고 말씀하신다. 젊은이는 재물이 많으므로 근심하며 떠나갔다. 이어서 예수님이 하신 말씀은 재물과 관련해 가장 많이 인용하는 구절 중 하나이다. "다시 너희에게 말하노니 낙타가 바늘귀로 들어가는 것이 부자가 하나님의 나라에 들어가는 것보다 쉬우니라"(19:24). 이 말씀을 듣고 제자들은 그럼 누가 구원을 얻을 수 있느냐고 묻는다. 예수님은 사람으로는 불가능하지만 하나님에게는 능치 못할 일이 없다고 응답하신다. 또 장차 인자가 영광의 보좌에 앉을 때, 그분을 따르기 위해 모든 것을 희생한 사람들은 백 배나 받을 것이라고 덧붙이신다. "그러나 먼저 된 자로서 나중 되고 나중 된 자로서 먼저 될 자가 많으니라"(19:30).

먼저 이 단락을 해석할 때 예수님은 부자를 미워하고 그리스도인은 물질적으로 가난하게 살도록 부름 받았다는 식으로 주장하는 경우가 적지 않다. 삶의 모든 면이 그렇지만, 이 이야기도 대충 읽었을 때 다가오는 것보다 훨씬 복잡한 편이다. 예수님은 누구라도 가난하게 되기를 바라시지 않는다. 물질적인 가난은 하나님이 창조하신 온전한 인간의 모습에 반하는, 끔찍하고 비인간적인 상태이다. 굶주림이나 목마름, 의료 혜택을 못 받는 것 등은 결코 바람직한 상태가 아니다. 하나님은 어떤 피조물이라도 그런 상태에 빠지는 것을 원치 않으신다. 심지어 물질적인 가난은 하나님을 모욕하는 것이다. 모든 인간이 똑같이 공유하는 하나님의 형상을 손상시키기 때문이다. 우리는 이 땅에서 불완전하나마 하나님나라를 위해 일해야 하는데, 인류의 높은 비율이 가난한 상태에 있다는 것은 하나님나라에 조화롭지 못한 현실이다. 알게 모르게 가난을 조장하는 방향으로 행한다면, 우리는 하나님나라에 거스르는 일을 하고 있는 셈이다.

그러므로 이 단락은 가난을 찬미하거나 부유한 자들을 악마로 취급하지 않는다. 하나님은 우리가 가난하게 되기를 원치 않으신다. 그러나 동시에 우리가 극단적인 물질주의로 치달아 다른 사람들을 가난에 처하게 만드는 것도 원치 않으신다. 젊은이는 예수님께 재물을 팔아서 가난한 자들에게 나눠주라는 말을 듣는다. 그때 영원한 생명을 얻게 될 것이라고 한다. 하지만 젊은이는 그럴 수가 없다. 많은 것을 소유하고 있으므로 그냥 실망한 채 떠나고 만다. 이 짧은 만남으로 보건대, 젊은이는 하나님과 함께 영생을 누리는 일보다 물질적인 소유를 더 좋아하는 것처럼 보인다. 그는 인생에서 일시적이고 덧없는 소유물을 희생하기만 하면 가장 위대한 선물, 곧 하나님과 함께하는 영생을 얻을 수 있는데도 불구하고 그것을 도무지 희생할 수가 없다. 이 이야기에서 젊은이는 많은 재물을 소유한 자로 묘사되지만, 실은 그 자신이 재물에 소유당한 것처럼 보인다. 그가 재물을 포기할 수 없기 때문에 그것들이 그를 사로잡고 있는 것이다. 하늘에 있는 보물을 주겠다는 약속조차 그를 설득할 수 없을 정도다.

우리 중에 이 젊은이와 같은 사람이 얼마나 많은가? 자신의 소유물에 '소유당한' 사람들 말이다. 스스로 사들인 물건들이 우리를 꽉 잡고 있어서 그것을 포기하지 못하는 것은 아닐까? 그것들을 내놓을 수 없다면 과연 누가 진정한 소유주인가? 물질이란 일시적인 것에 불과하고, 궁극적으로 우리가 기대하는 만족감을 주지 못하는 줄 알면서도 계속해서 그것들을 구매하고, 행복을 과분한 소유로 정의하는 소비문화에 '넘어가고' 있는 것이다. "가장 많은 장난감을 소유하고 죽은 사람이 이긴다"라는 속담과 같다. 그러나 예수님은 우리에게 다른 길, 다른 대안을 보여주신다. 진정한 영생, 진정한 행복과 만족은 오직 하나님께 헌신할 때만 온다는 것이다.

하나님을 향한 우리의 헌신은 타인에 대한 행동에 반영되기 마련이다. 그래서 가장 큰 계명은 이렇게 명한다. "네 마음을 다하며 목숨을 다하며 힘을 다하며 뜻을 다하여 주 너희 하나님을 사랑하고 또한 네 이웃을 네 자신 같이 사랑하라"(눅 10:27). 우리와 하나님의 관계는 우리와 동료 인간들의 관계에 연결된다. 우리가 다른 사람을 어떻게 대하는가는 우리가 하나님을 어떻게 사랑하는지 반영한다. 이 두 가지는 따로 떼어놓을 수 없다. 하지만 예수님은 하나님의 계명을 지키는 것만으로 충분치 않다고 하신다. 우리와 가난한 자들의 관계는 우리와 하나님의 관계와 연관되어 있다. 이것은 중요한 논점이다. 동료 인간에 대한 헌신과 관련해서 가난한 사람들은 특권적인 지위를 갖고 있다. 이들을 가장 우선해야 한다는 뜻이다. 가난의 문제는 인간이 처한 상황 가운데 가장 긴급한 과제에 속하기 때문이다.

교계와 신학계에서는 가난한 자가 지닌 특권적 지위를 '가난한 자를 위한 우선적 선택preferential option for the poor'이라고 부른다. 이는 특권층에게 가난한 자와 연대하라고 요구한다. 가난한 자에게 실질적인 우선순위를 부여하고 소외된 자들의 관점에 비추어 자신의 습관을 정리하라고 요청한다. 가난한 자를 우선시해야 하는 이유는 그들이 우리보다 더 거룩하기 때문이 아니라 더 궁핍하기 때문이다. 가난은 결국 사람을 파괴하기 때문에, 예수님이 선포하신 생명의 나라에 상치된다. 이 때문에 가난한 자가 우선적, 특권적 지위를 갖는 것이다. 가난한 자와 연대하게 되면 단면적으로나마 복음의 진리를 새삼 깨달을 수 있다. 나는 단기 선교의 일환으로 과테말라에서 2년간 자원봉사를 하는 동안 가난에 둘러싸여 있었다. 소비 풍조가 만연하고 선택의 여지가 무수히 많은 미국에서 멀리 떨어진 그곳에서 충격적인 경험을 했다. 솔직히 쇼핑을 안 한 게 아니라, 하고 싶어도 할 수가 없었다. 쇼핑할 장소도 상품도 부족해서였지만, 보다 중요한 이유는 모두가 극심한 가난 속에 있었기 때문이다. 가난에 둘러싸여 있는 바람에 나는 복음의 진리를 새롭게 깨닫게 되었다. 비로소 그동안 내가 소유했다고 믿었던 것들이 오히려 나를 소유하고 있었고, 가난한 자와 연대하여 간소한 삶이 훨씬 만족스럽다는 점을 깨달은 것이다. 그러나 미국에서는 그런 삶을 영위하기가 쉽지 않다는 게 문제다.

누가 나의 이웃인가? 예수님은 우리에게 모든 것을 팔아치우고 금욕주의자로 살라고 요구하시는가? 나는 그렇게 생각하지 않는다. 예수님은 우리가 가난하게 살기를 원치 않으신다. 대신 물질적인 소유에 대해 우리의 우선순위를 재고하고, 일부 물질은 포기하는 한편, 소외된 자에게 정의를 베푸는 삶을 요구하신다. 예수님은 부자가 하나님나라에 들어가는 것이 지극히 어렵다고 말씀하셨다. 여기서 부자는 미국의 중산층 정도를 가리키는 것일까? 글로벌한 경제 체제에서 보면 사실 미국의 중산층은 대단한 부자에 속한다.

내가 도전을 감수할 수 있을 때는 이 질문에 긍정의 답을 한다. 그렇다, 예수님은 중산층까지 염두에 두시고, 가난한 자와 능동적으로 연대하라고 요구하신다. 여기에서 능동적이란 말이 중요하다. 말하자면 가난을 끔찍하게 여기고 비난하는 수동적인 자세를 취하지 말하는 뜻이다. 가난을 창출하는 모든 일상적인 습관을 변혁할 뿐 아니라 그런 구조 자체를 능동적으로 무너뜨리라고 청하시는 것이다. 그렇다면 가난은 무서운 것이라고 말하는 것만으로는 충분치 않다. 반면에 내가 도전을 받고 싶지 않을 때는 이 단락을 문자적으로 해석하지 않는다. 예수님은 소비문화에 몸담고 있어도 거기 속하지는 말라고 요구하시는 거라고 생각한다. 우리에게 할당된 물질의 양이 정해진 것은 아니지만, 우리가 영위하는 삶의 원칙과 가치관을 눈여겨볼 필요가 있다. 바람직한 삶은 하나님을 모시지 않고는 불가능하다. 우리 스스로의 힘으로는 살 수 없다. 인간으로는 도무지 이룰 수 없는 삶이기 때문이다. 그러나 예수의 가르침대로 하나님과 함께하면 모든 것이 가능하다. 이 말은 그렇게 산다는 것이 결코 쉽지 않음을 나타낸다.

또한 예수님은 하나님나라에서 인간의 높낮이가 거꾸로 된다고 가르치신다. 꼴찌가 첫째가 되고, 첫째는 꼴찌가 될 것이다.

이제 "누가 우리의 이웃인가?"라고 물어보기로 하자. 우리가 이웃으로 생각하는 사람은 우리와 비슷하게 생겼거나 비슷하게 행동하는 사람인 경우가 대부분이다. 이 질문에 답하기 위해 다시한 번 사마리아 여인에게 돌아가보자. 해당 본문에서 내 공감을 일으킨 가장 중요한 측면은 유대인이 외부인이자 적으로 간주했던 사마리아인에게 예수님이 눈을 돌리신다는 점이다. 당시에 유대인과 사마리아인은 서로 잘 어울릴 수 없었다. 사마리아인들은 예루살렘 성전을 인정하지 않았기에 양측은 예배 장소를 둘러싸고 논쟁을 벌였다. 그런데 예수님은 적대적인 민족에 속한 이름도 모르는 여인에게 말을 거셨다. 상대방이 여성이었다는 점도 중요하다. 예수님은 인종의 장벽을 허무실 뿐 아니라 성적인 차별도 극복하시기 때문이다. 유대인 남자가 낯선 이방인 여자에게 말을 건네는 일은 당시 상황에서 한마디로 부적절한 행위였다. 이름도 모르는 여인과 대화함으로써 예수님은 당대 사회의 두 가지 관습을 뛰어넘으셨다. 여성에게 말을 건넴으로 남성과 여성의 장벽을 허무셨고, 사마리아인에게 말을 건넴으로 선택받은 민족과 배척받은 민족의 경계를 넘으셨다.

하나님에 대한 사랑의 표현으로서 이웃을 사랑하라는 부름은 자신과 비슷하지 않은 사람, 멸시와 추방의 대상으로 낙인찍힌 사람들을 사랑하라는 부름이다. 즉 이웃을 사랑하라는 계명은 그저 곁에 있는 사람에게 선을 베풀라는 뜻이 아니다. 대신 우리와 같은 인간이지만 우리와 너무나 달라 보이는 사람을 만나기 위해 차별과 편견과 증오의 간극을 뛰어넘으라는 부름이다. 이제 다룰 나사로와 부자의 비유에는 가난한 자와 부자 간의 간극이 놓여 있다.

나사로와 부자 나사로와 부자의 비유에 등장하는 부자는 사치스러운 보라색 옷을 입고 날마다 배불리 먹지만, 가난한 나사로는 종기에 시달리며 부자의 밥상에서 떨어지는 부스러기로 연명하고 있었다. 하지만 나사로는 죽어서 천사들에게 이끌려 아브라함의 품으로 갔고, 부자는 죽어서 고통 중에 저 멀리 아브라함과 나사로가 함께 있는 모습을 보게 된다. 부자는 나사로에게 위로해달라고 부탁한다. 그러자 아브라함이 입을 열어 부자는 생전에 많은 것을 받았고 나사로는 아무것도 받지 못했지만, 내세에서는 운명이 뒤바뀌었다고 말해준다. 이어서 아브라함은 선언한다. "너희와 우리 사이에 큰 구렁텅이가 놓여 있어 여기서 너희에게 건너가고자 하되 갈 수 없고 거기서 우리에게 건너올 수도 없게 하였느니라"(눅 16:26). 그러자 부자는 자기와 비슷한 삶을 살고 있는 형제들에게 나사로의 영을 보내 경고해달라고 간청한다. 아브라함은 이조차 거절하면서, 만일 부자의 형제들이 모세와 선지자들의 말에 경청하지 않으면 죽은 자의 영이 말해도 듣지 않을 것이라고 응답한다.

이 비유는 앞에서 살펴본 마태복음과 마찬가지로 내세에는 부자와 가난한 자의 사회적 역할이 완전히 역전된다는 점을 부각시킨다. 부자의 안락하고 호화로운 생활에는 부족한 점이 전혀 없었지만, 나사로는 아무것도 갖지 못했다. 그러나 내세에서 하나님의 영광 가운데 아브라함에게 합류하는 자는 나사로다. 부자는 고통을 당하면서 설상가상으로 나사로를 바라봐야 하는 자리에 있었다. 두 사람 사이에 상당한 거리가 있고, 절대 이를 건널 수 없다는 아브라함의 선언은 이 비유에서 중요한 요소라고 생각한다. 이것은 여러 가지 측면에서 오늘날 부자와 가난한 자의 간격을 보여주는 듯하다. 현대 세계에서 가진 자와 가지지 못한 자의 간격은 날마다 벌어지고 있는 실정이다. 혹시 이 간격이 더 벌어지도록 자신이 기여하고 있지 않은지, 남들이 고통받고 있음을 알면서도 자신은 편안한 잠자리에 들고 있지 않은지 자문해볼 필요가 있다.

아브라함이 절대로 뛰어넘을 수 없다고 말한 간극이 현세에서는 어떨까. 우리가 살고 있는 나라는 우리가 소비하는 물건, 즉 장난감, 전자기구, 식품, 옷 등을 생산하는 사람들로부터 멀리 떨어져 있다. 생산자들은 멀리 떨어져 있는 정체불명의 사람들이다. 우리는 그들의 노동을 둘러싸고 있는 불의에 대해 거의 모르고 있다. 그럼에도 불구하고 계속 물건을 사서 소모함으로써 생산자들을 착취하는 회사들을 지지하고 있다. 그러면서 더욱 값싼 물건을 요구한다. 많은 돈을 들이지 않고 살 수 있는 경제 상품을 원한다. 값싼 물건을 생산하려면 품질이 나쁘거나 임금을 적게 주는 수밖에 없다. 단순히 불매운동을 하거나 공정거래를 지지하거나 국산품을 애용한다고 쉽게 풀릴 단순한 성질의 문제가 아니다. 부당한 값싼 노동이라도 절박하게 돈이 필요한 많은 가정의 유일한 수입원일 수 있기 때문이다. 그러면 어떻게 해야 할까? 이 문제는 마지막 장에서 다시 다루겠지만 나사로와 부자의 비유에 비추어 당장 할 수 있는 일을 한 가지 제안하고자 한다.

이 간격을 뛰어넘을 수 있는 다양한 방법이 있을 수 있지만, 여기에서 모두를 위한 처방을 내릴 생각은 없다. 우리가 살아가는 방식이나 재정적인 자원은 천차만별이기 때문이다. 적어도 우리는 상품이 어떤 상황에서 만들어지는지 더 많이 살펴볼 수 있다. 미국의 쇼핑 습관이 전 세계 수백만 명의 삶에 직간접으로 영향을 줄 수 있음을 인식할 수 있다. 값싼 일회용 옷이 일회용 사람들을 전제로 한다는 점을 이해할 수 있다. 일회용 사람들이란 우리가 마구 사서 쓰고 버리는 물건들을 만드는 정체불명의 가난한 자들이다. 또 가난한 사람들에게 힘을 실어주고 좀 더 정의로운 세계질서에 기여할 목적으로 국가, 공동체, 개인 차원에서 새로운 시도를 고려해볼 수 있다.

> 당신이 무엇을 소유했는지가 아니라 그 소유물로 무엇을 했는지가 당신의 진정한 가치관을 보여준다.
>
> 토마스 칼라일

아무도 비유에 나오는 부자의 형제들처럼 인생을 끝내고 싶지 않을 것이다. 부자는 형제들에게만이라도 경고해달라고 간청하지만, 아브라함은 그래도 그들은 듣지 않을 것이라고 현명하게 응답한다. 설사 나사로가 형제들에게 가서 경고를 했다면, 과연 그들은 마음을 돌이킬 수 있었을까? 두려워서 생활방식을 바꿀지는 몰라도 동료 인간들에 대한 사랑과 연민이 생겨서 변화될 것 같지는 않다. 이것이 중요한 논점이다. 부자가 벌어진 간극을 건너 나사로 쪽으로 갈 수 없는 이유는 스스로 낮아질 마음이 없기 때문이다. 그는 나사로를 온전한 인간으로 보지 않는다. 어쩌면 자신의 가치관이 잘못되었을 수도 있다고 인식할 능력조차 없다. 부자는 나사로에게 사과도 하지 않고, 후회의 기색도 비치지 않는다. 대신 자기 형제들, 즉 자기와 비슷한 부자들만 걱정할 뿐이다. 형제들이 임박한 운명에 대해 경고를 받을 수 있기를 바라면서도 자신은 어떤 종류의 회심도 하지 않는 것이다. 형제들에게 경고하려는 것도 하나님의 뜻에 따라 사는 것이 진정한 삶이기 때문이 아니라, 경고를 통해 내세에 겪을 고통을 미리 예방하기 위한 것뿐이다. 만일 미국의 소비 지향적 생활방식에 도전하는 삶으로 변화되고 싶다면, 그렇게 해야 되기 때문이 아니라 그렇게 하고 싶은 마음이 있어서야 한다.

내게 의미 있는 성경 이야기 중 하나는 창세기에 나오는 가인과 아벨 형제의 이야기이다. 이것은 성경에 등장하는 최초의 살인 사건으로 하나님이 아벨의 제사만 받으시고 가인의 제사는 거절하시자 가인이 동생인 아벨을 죽인 비극이다. 하나님이 아벨을 찾으시다가 가인에게 아벨의 행방을 물으신다. 가인은 다음과 같은 유명한 말로 대답한다. "내가 알지 못하나이다. 내가 내 아우를 지키는 자니이까." 하나님은 "네가 무엇을 하였느냐. 네 아우의 핏소리가 땅에서부터 내게 호소하느니라"(창 4:10)고 하신다. 가인의 말은 수백만 명의 운명에도 아랑곳하지 않고 자기 문제가 아니라고 생각하는 오늘날의 풍조를 대변하는 듯 의미심장하다. 하지만 이보다 더 강력하게 다가오는 것은 그가 말하지 않는 내용이다. 보다 명확히 말하자면, 그가 듣지 못하는 소리다. 하나님이 말씀하셨듯이 가인의 동생은 지금 땅에서부터 울부짖는 중이다. 하나님은 가인에게 그 소리를 들어보라고 하신다. 이 이야기에서 오래 기억되는 것은 자기 형제가 고통스럽게 소리치는 것도 듣지 못하는 무능력, 즉 귀 먹은 가인의 상태다. 동료 인간의 고통을 듣지 못하는 사람들이 얼마나 많은가. 불의에 희생된 무고한 자들의 울부짖음을 무시한 채 현재의 모순 앞에서 아무것도 하지 않는 내 모습을 돌아보게 된다. 가인과 아벨의 이야기는 인간 사회에서 자기 형제를 죽이는 참상이 날마다 반복되고 있음을 일깨워준다.

양과 염소 마태복음에서 이웃에 대한 우리의 의무를 가난한 자와 연대로 묘사하는 대목 중에 마태복음 25장에 나오는 양과 염소의 비유만큼 자주 인용되는 구절도 없을 것이다. 보통은 양과 염소에 대한 언급 없이 의로운 자의 행위를 묘사하는 35절부터 인용하곤 한다. "내가 주릴 때에 너희가 먹을 것을 주었고 목마를 때에 마시게 하였고 나그네 되었을 때에 영접하였고 헐벗었을 때에 옷을 입혔고 병들었을 때에 돌보았고 옥에 갇혔을 때에 와서 보았느니라"(마 25:35-36). 그러면 의인들이 조금 의아해하며 언제 자신들이 주님을 위해 그런 일을 했느냐고 묻는다. 예수님은 이렇게 대답하신다. “내가 진실로 너희에게 이르노니 너희가 여기 내 형제 중에 지극히 작은 자 하나에게 한 것이 곧 내게 한 것이니라”(25:40). 나는 가톨릭 대학의 캠퍼스 사역에서 이 구절을 목격했다. 사회정의 실천의 사례를 발표하는 소책자에서도 보았다. 어린 시절부터 좋아했던 아름다운 구절이다. 하지만 이게 전부가 아니다.

이 이야기의 시작은 사실 편가르기부터다. “인자가 자기 영광으로 모든 천사와 함께 올 때에 자기 영광의 보좌에 앉으리니 모든 민족을 그 앞에 모으고 각각 구분하기를 목자가 양과 염소를 구분하는 것 같이 하리라”(마 25:31-32). 양은 오른편에 앉고 의인을 상징한다. 이어서 예수님이 위에 언급한 대로 의인들을 칭찬하시는데, 대개 사람들은 여기에서 이 이야기를 끝내곤 한다. 하지만 예수님은 왼편에 앉은 염소 같은 죄인들을 향해서도 말씀하신다. “저주를 받은 자들아 나를 떠나 마귀와 그 사자들을 위하여 예비된 영원한 불에 들어가라”(마 25:41). 그들은 의인들이 남을 위해 행한 선행을 전혀 하지 않았기 때문이다. 그들도 의아해하면서 의인들과 똑같은 질문을 던진다. 언제 예수님께 손을 내밀지 않았느냐는 것이다. 이에 예수님은 남들에게 손을 내밀지 않은 것이 곧 자신에게 하지 않은 것이라고 응답하신다. 그리고는 죄인들에게는 영원한 벌을, 의인들에게는 영원한 생명을 선고하신다.

이 단락이 마치 편집한 듯한 인상을 주는 이유는 뭔지 생각해보았다. 의인만으로 축소된 이야기는 남들에게 베푸는 것이 곧 하나님께 베푸는 거라는 따스한 여운을 준다. 여기에는 심판의 요소가 없기 때문이다. 하지만 전체 이야기는 매우 강력한 도전을 준다. 심판과 정죄에 대해 얘기하고 있다. 또 하나님은 사람들을 정죄하는 분이란 인상을 준다. 이것은 모든 사람을 용서하고 사랑하시는 하나님이라는 기독교의 개념과 잘 조화되지 않는다. 예수님이 저주받은 자들에게 영원한 고통을 선포하시는 장면은 구속의 십자가 고난, 탕자를 기다리는 아버지 하나님, 언제나 우리를 환영하시는 하나님과 잘 어울리지 않는다. 어쨌든 우리에게 은혜와 사랑을 베푸는 하나님의 손길은 무조건적인 것이 아닌가?

나는 이 단락에서 하나님이 우리를 정죄한다고는 생각하지 않는다. 오히려 우리 스스로 자신을 정죄하고 있다고 해석한다. 하나님께 대한 우리의 사랑과 헌신은 이웃에 대한 사랑과 헌신에서 구분되지 않는, 결국 동일한 가르침이다. 가난하고 소외된 자에게 선을 베푸는 것은 곧 하나님께 선을 베푸는 것이다. 반대로 다른 사람의 고통을 무시하고 외면하는 것은 곧 하나님을 배척하는 것이다. 그리스도인에게 내세는 하나님과의 연합, 영원한 축복의 삶이다. 우리는 그 연합을 사모한다. 하지만 하나님은 억지로 우리를 그분 앞으로 데려가시지 않는다. 억지로 그분을 사랑하게 만드시지 않는다. 이는 우리 자신이 내려야 할 선택이다. 소외된 자를 배척하고 무시하는 것은 곧 하나님을 배척하는 일로, 하나님 앞으로 나가지 않겠다는 선택이다. 저주받은 자들은 스스로 그 길을 택한 것이다. 다른 사람의 고통을 무시하기로 선택했고, 자신들의 삶에 하나님을 모시지 않기로 선택했으며, 그 선택에 의해 더 이상 하나님 편에 서지 않게 된 것이다. 훗날에 대한 두려움이 동기가 되어 의인의 삶을 택할 수 있을까? 위의 성경 구절들 때문에 하나님께 거부당하지 않기 위해 가난한 자와 연대하는 삶을 살 수 있을까. 그럴 수는 없을 것이다. 이 삶은 스스로 진심으로 원해야 하고, 이를 위해 진정한 회심이 필요하기 때문이다. 또 여기에는 우리가 자신과 타인을 어떻게 이해하고, 어떻게 행동해야 하는지와 밀접한 관계가 있다. 두려움 때문에 행하는 것은 결코 진정성이 없다. 하나님은 우리를 꿰뚫어보시는 분이다. 자기 행동 이면의 동기가 순수하지 않으면 거짓된 삶을 사는 것이다. 우리가 정의를 도모할 수 있는 것은 두려움 때문이 아니라 동료 인간에 대한 연민과 사랑, 연대감 때문이다.

탕자 탕자의 이야기도 이 주제에서 빠지지 않는다. 예수님은 아버지의 유산을 받은 두 아들에 관한 얘기를 들려주신다. 작은 아들은 미리 유산을 받고 멀리 도망간다. 거기서 방탕한 생활을 한다. 큰 아들은 줄곧 아버지 곁에 머물러 있다. 굶주림이 닥치자 작은 아들은 아버지 곁으로 돌아가기로 결심한다. 양식을 벌기 위해 아버지의 종으로 일을 하겠다고 다짐까지 한다. 그런데 작은 아들이 미처 전갈을 보내기도 전에 아버지는 멀리서 그를 보고 달려와서 안아준다. 그리고 그에게 좋은 옷을 입히고 잔치를 베푼다. 이 소식을 들은 큰 아들은 분노한다. 여태껏 아버지 곁에 있어도 그처럼 호화로운 대접을 받은 적이 없었기 때문이다. 이에 대해 아버지는 다음과 같이 대답한다. "아들아 너는 항상 나와 함께 있으니 내 것이 다 네 것이로되 이 네 동생은 죽었다고 살아났으며 내가 잃었다가 얻었기로 우리가 즐거워하고 기뻐하는 것이 마땅하니라"(눅 15:31-32).

탕자의 비유는 하나님의 사랑과 용서, 영원한 은혜에 관한 이야기이다. 이 이야기에 나오는 아버지는 하나님을, 두 아들은 두 인간 유형을 상징한다. 작은 아들이 아버지의 곁을 떠나 돈을 모두 낭비하고 말았는데도 아버지는 그를 용서한다. 그를 용서할 뿐만 아니라 그의 귀가를 기뻐한다. 그렇다고 아버지와 항상 함께했던 큰 아들에 대한 사랑이 사라지는 것은 아니다. 하지만 비유에 나오는 아버지는 둘째 아들이 돌아와 진심으로 용서를 구하는 모습에 더 큰 감동을 받은 것이 분명하다. 정죄와 심판을 언급하는 모든 성경 구절은 하나님의 용서에 비추어 해석할 필요가 있다. 우리가 하나님에게서 등을 돌리는 것이 정죄다. 우리는 하나님으로부터 스스로를 소외시키는 장본인이다. 하나님은 언제나 팔을 벌린 채 우리가 돌아오기를 기다리신다.

팔복 팔복을 언급하지 않고는 가난한 자와 소비주의를 마무

리할 수 없을 것이다. 예수님의 산상설교인 팔복은 신약의 다른 책들에서도 부각되는 세계 질서의 역전을 강조한다. 팔복은 억눌린 자와 멸시받는 자가 하나님나라에서 축복을 받을 것이라고 선언한다.

> 너희 가난한 자는 복이 있나니 하나님의 나라가 너희 것임이요 지금 주린 자는 복이 있나니 너희가 배부름을 얻을 것임이요 지금 우는 자는 복이 있나니 너희가 웃을 것임이요 인자로 말미암아 사람들이 너희를 미워하며 멀리하고 욕하고 너희 이름을 악하다 하여 버릴 때에는 너희에게 복이 있도다. 그날에 기뻐하고 뛰놀라. 하늘에서 너희 상이 큼이라(눅 6:20-23).

가난한 자는 부유하게 되고, 굶주린 자는 배부를 것이고, 소외된 자는 관심의 대상이 될 것이다. 그들의 고통은 영원한 나라에까지 이어지지 않고, 그들의 내세는 안도의 숨을 쉴 만하다는 것이다.

그러나 다른 극단에 있는 자들의 운명은 불확실하다. "그러나 화 있을진저 너희 부요한 자여 너희는 너희의 위로를 이미 받았도다. 화 있을진저 너희 지금 배부른 자여 너희는 주리리로다. 화 있을진저 너희 지금 웃는 자여 너희가 애통하여 울리로다. 모든 사람이 너희를 칭찬하면 화가 있도다. 그들의 조상들이 선지자들에게 이와 같이 하였느니라"(눅 6:24-26). 미국인들은 이 구절을 읽으며 약간 충격을 받을지도 모르겠다. 물론 미국인 전부가 부유한 것은 아니다. 그러나 부유한 나라에 살고 있는 만큼 압도적으로 많은 인구가 글로벌한 경제 체제에서 볼 때 '부유한' 편에 속하는 게 분명하다. 우리가 불의의 고난을 받는 타인을 무시하고 동료 인간들의 착취에 동참하면서도 책임을 외면한다면, 우리는 스스로 '부유한' 자들의 편에 서는 셈이다.

하나님과의 관계 이런 가르침들은 쇼핑에는 어떤 영향을 미칠까? 나는 우리가 얼마씩 쇼핑해야 하는지, 어디에서 쇼핑해야 하는지, 언제 쇼핑해야 하는지 얘기하려는 게 아니다. 왜 쇼핑을 하는지 곰곰이 생각해보라고 권하는 것이다. 혹시 자기 삶의 빈 구석을 물질로 채우고 있지는 않은가? 혹시 자신의 존재가치를 소유물로 대치하고 있지는 않은가? 미국인의 대다수가 그렇다고 생각하기 때문에, 이 사회의 집단적 가치 기준으로 평가할 때 가난한 자의 존재가치는 아주 낮은 편에 속할 것이다.

여기에서 위에 인용한 성경의 가르침들이 중요한 역할을 한다. 부자는 자신의 부와 편안한 삶을 높이 평가했다. 또 자기 형제들을 소중히 여겨서 그들은 더 나은 운명에 처하기를 바랐다. 하지만 나사로는 안중에도 없었다. 나사로가 얼마나 어렵게 살면서 고통을 당했는지 아무런 연민을 느끼지 않는다. 역설적으로 부자는 나사로가 평생 겪었던 고통을 한순간에 몰아서 경험하고 있었다. 부자는 형제들이 도무지 헤아릴 수 없는 방식으로 나사로의 고통에 공감할 수 있었음에도 불구하고, 예전 나사로의 처지에 전혀 연민을 느끼지 않는다. 그 순간에도 나사로를 동등한 인간으로 볼 수 없었기 때문이다. 이처럼 우리가 자신은 물론, 주변 사람을 어떻게 보고 평가하는지에 소비주의와 물질주의의 영향이 크다.

마찬가지로 예수님은 우리에게 하나님이 필요한 것을 공급해 주신다고 가르치시며, 우리의 관심을 물질주의에서 돌려 하나님과의 관계에 초점을 맞추라고 요구하신다. 우리와 하나님과의 관계는 우리가 동료 인간을 대하는 방식에 반영된다. 이것은 우리가 쇼핑하는 방식이나 쇼핑에 부여하는 가치와도 연관성이 있다. 몇 달 전에 저녁 모임에 가기 위해 우리 차에 동료를 태운 적이 있다. 마침 그 지역의 쇼핑몰을 지날 때 두 살 된 아들이 알아보고 외쳤다. 동료는 웃으면서 누구네 집 아들인지 잘 알겠다고 말했다. 덩달아 웃어넘기긴 했지만 염려와 민망함을 느꼈다.

앞에서 언급한 것처럼 미국 사람들은 쇼핑을 중심으로 살아간다. 온 국민이 쇼핑으로 기분전환을 한다. 최근에 연구조사라는 미명 아래(진지한 학자는 텔레비전을 시청할 시간이 없으므로) 미국의 소비문화를 다룬 〈오프라 윈프리 쇼〉를 보았다. 몇몇 가정은 한 주간이나 주말 동안 일체 돈을 쓰지 말라는 과제를 받았고, 다른 가정들은 외식을 줄이고 소비 규모를 줄이라는 과제를 받았다. 이것은 어린 자녀가 있는 가정에 대단히 큰 영향을 주었다. 어린아이들이 얼마나 이른 시기부터 소비풍조에 물드는지 깜짝 놀랄 만했다. 〈투데이 쇼〉에서는 어린이의 브랜드 인식에 관한 연구결과를 특집으로 다룬 적이 있다. 열 살밖에 안 된 아이들이 자기 부모도 모르는 명품 브랜드를 알고 있었다. 아주 일찍부터 아이들은 쇼핑의 복음에 세뇌당한 것이다.

〈오프라 윈프리 쇼〉에서 한 가지 희망을 볼 수 있었다. 쇼핑에 매달리지 않고 며칠에서 몇 주, 몇 달을 보낸 가정들이 전보다 더 행복해졌다는 점이다. 그들은 소비주의에 지배당할 때보다 더 많은 시간을 함께 보냈기에 관계도 개선되었다. 이 점은 소비주의에 관한 논의에 덧붙일 만한 중요한 측면이다. 쇼핑은 우리가 자신을 어떻게 평가하는지에 영향을 준다. 쇼핑은 우리가 소비하는 물품을 생산하는 정체불명의 사람들의 삶에 영향을 준다. 쇼핑은 또한 우리와 친밀한 관계에 있는 사람들에게도 큰 영향을 미치기 마련이다. 우리의 쇼핑 방식은 가족과 친구와 사랑하는 이들에게 우리의 가치 체계를 드러낸다. 부모의 쇼핑 스타일은 자녀들에게 무엇이 중요한지, 삶에서 중요한 게 뭔지, 행복을 어떻게 정의하는지 등을 암묵적으로 가르친다. 우리는 정말 그렇게 많은 것들이 필요할까? 텔레비전 쇼 중에는 집안을 어수선하게 만드는 수많은 물건을 정돈하는 과정을 보여주는 것도 있다. 우리가 과분할 정도로 돈을 많이 쓰고 주거공간이 허락되는 것 이상으로 물건을 많이 산다면,

차세대에게 어떤 가치관을 전하고 있는 것일까?

사도행전은 오늘날의 기독교와는 전혀 다른 초기 기독교 공동체의 모습을 이렇게 묘사한다. "믿는 사람이 다 함께 있어 모든 물건을 서로 통용하고 또 재산과 소유를 팔아 각 사람의 필요에 따라 나눠주며"(행 2:44-45). 이 구절은 초대교회 교인들이 사유재산을 추구하지 않았음을 가리킨다. 설사 모두가 이렇게 살지는 않았더라도, 일부 신자는 분명 이를 좇았고 다른 이들에게도 기대했던 것이다. 초기 기독교에서 교인이 된다는 것은 어느 정도는 자기 소유를 포기한다는 뜻이었음이 분명하다.

경제와 환경 오늘날 미국의 교회와 그리스도인에게 사유재산의 포기는 현실적인 대안이 될 수 없다. 현재 경제 체제는 사유재산을 포기해도 굴러갈 수 있는 상태가 아니기 때문이다. 그럼에도 불구하고 미국인은 자신들이 쌓아두고 있는 엄청난 상품들과 끝없는 자본 축적의 욕망에 대해 재고할 필요가 있다. 이 돈을 다른 용도로 사용할 수는 없을까. 좀 더 지혜롭게 사용하거나, 예를 들어 소외된 이들을 돕는 기관을 후원하는 데 쓸 수는 없을까. 교회를 유지하고 보수하는 등의 일상적인 현상 유지에 교회의 재정보다 개인의 자원을 동원할 수는 없을까. 그럼 교회 재정을 지역 공동체를 위한 사역에 쓸 수

> 다시 종교 휴가철이 되면 우리는 좋아하는 쇼핑몰에 가서 나름대로 종교적인 행사를 준수할 것이다.
> 데이브 베리

도 있을 것이 아닌가. 오늘날 미국과 같은 자본주의 체제에서는 비현실적인 목표이지만, 초대교회 그리스도인은 기꺼이 사유재산을 포기했다. 이를 인식하는 것만도 과도한 소비생활에 사로잡히지 말아야 할 충분한 이유가 될 것이다.

우리의 소비주의에 영향을 받는 것은 동료 인간들만이 아니다. 지구도 우리의 습관 때문에 위험에 처했다. 우리는 하나님의 대표 피조물로서 지구를 보호하는 역할을 맡았다. 그런 우리가 지구를 학대하는 것은 곧 하나님을 모욕하는 일이다. 창세기는 이 땅이 하나님께 속해 있고 우리는 그것을 돌보는 자들이라고 가르친다. "생육하고 번성하여 땅에 충만하라. 땅을 정복하라. 바다의 물고기와 하늘의 새와 땅에 움직이는 모든 생물을 다스리라"(창 1:28). 우리는 지구를 소유하고 있는 주인이 아니다. 지구는 우리가 마음대로 소비하고 착취할 대상이 아니다. 그런데도 우리는 지구의 자원이 마치 우리의 소유인 것처럼, 아무 가치도 없는 것처럼, 마구 소비하고 착취한다. 우리는 하나님의 창조세계의 일부일 뿐이다. 하나님이 만드시는 것은 모두 선하다. 그래서 그것을 존중하고 보살피라는 사명을 받은 것이다.

창세기에 따르면 인간이 에덴동산에 있게 된 것은 그곳을 돌보기 위해서였다. 우리는 하나님의 창조세계를 보살피는 사람들이다. 하나님이 땅을 창조하셨지만 그것을 보살필 만한 존재는 거기 없었다. 그래서 땅의 흙으로 인간을 빚으신 것이다. 환경 문제에 관심이 있는 신학자들이 자주 묻는 질문은 창세기의 첫 부분이 창조세계에 대해 긍정적이냐 부정적이냐는 것이다. 나는 창세기에 양면성이 있다고 주장하는 입장이다. 긍정적인 면이란 하나님이 창조주로서 소유권을 갖고 계신 점이다. 인간은 단지 청지기에 불과하므로 창조세계는 우리의 것이 아니다. 그리고 앞서 말한 것처럼 창조세계는 선하다. 하나님은 우리를 지구를 돌보는 자, 즉 청지기로 임명하셔서 창조세계를 보살피는 일을 맡기신 것이다. 인간은 하나님의 형상으로 창조되었기에 다른 피조물과는 다르다. 즉 인간은 하나님의 사랑과 존중의 태도로 지구를 보살피는 것이 마땅하다. 하나님의 형상이라고 지구를 마음대로 파괴할 권한이 있는 게 아니다.

그런데 창세기에는 부정적인 면도 있다. 청지기 직분이 인간에게 자연을 정복하고 마음껏 착취해도 좋은 권한을 준다고 해석하는 식이다. 즉 인간이 땅을 보살핀다는 것은 땅이 인간의 종이 된다는 뜻으로 본다. 창조 이야기는 인간을 나머지 피조물과 구별한다. 이 구별을 완전히 다른 것으로, 인간이 더 낫다는 의미로 해석하는 경우가 대부분이다. 인간이 하나님의 형상으로 창조되었다는 사실은 구약 성경가운데 가장 아름다운 개념 중 하나인데, 이를 빌어 인간이 나머지 피조물보다 더 나은 존재를 의미한다고 오해한 것이다. 나아가 하나님의 형상이 땅의 학대와 경시를 정당화해준다고 믿기도 한다. 그러나 인간은 어디까지나 창조세계의 일부이고 창조세계는 인간의 일부임을 명심해야 한다.

신학은 인간과 인간, 인간과 하나님의 관계를 다루는 인류학뿐 아니라, 인간과 나머지 창조세계의 관계를 다루는 우주론에 대해서도 논할 필요가 있다. 인간이란 존재를 나머지 피조물과 분리시켜 이해할 수 없다. 인간 속에 있는 하나님의 형상은 우리에게 창조세계를 학대하고 남용할 수 있는 허가증이 아니다. 하나님은 인간에게 지구 위에 군림하라는 권한을 주지 않으셨다. 인간은 인간이 대우받고 싶은 대로 지구를 대우해야 마땅하다. 신학적으로 말하자면, 인간에 대한 개인적이고 자의적인 이해를 배격하고 모든 창조세계가 서로 연결되어 있는 통합체임을 강조해야 한다. 이런 신학적 이해에 기초해, 다양하지만 상호의존적인 피조계의 연대적 속성을 강조하는 세계관이 가능하다. 인간은 다른 피조물과의 상호연관성과 그들에 대한 의존성을 받아들이려고 애쓸 필요가 있다.

미국인의 과도한 소비성향은 지구를 파괴하고 있다. 우리는 동료 인간들과 지구와 장래의 세대를 희생시키면서까지 많은 것을 소비하는 중이다. 자신의 소비가 남들에게 어떤 영향을 주는지 아랑곳하지 않은 채 미국의 인구에 과분한 세계 자원을 소비하고 있다. 게다가 우리가 지구를 학대하고 있음을 입증해주는 과학적 연구결과를 제시해도 비웃고 만다. 미국인은 하나님의 창조세계나 나머지 인류의 필요보다 우리 자신의 필요를 우선시함으로써 지구의 청지기 역할을 형편없이 수행하는 중이다. 창세기 1장에서 하나님은 창조하신 것들을 보시고 좋았다고 하신다. 그런데 우리는 세계의 자원을 탐욕스럽게 먹어치우고 있으니 과연 그 선한 속성과 가치를 알고 있다고 말할 수 있을까?

가톨릭의 사회 교리

이제까지 소개한 기독교의 가치관은 기독교가 여러 면에서 오늘날 미국을 지배하고 있는 자본주의적 소비 경제나 문화 풍조와 반대됨을 보여준다. 그런데 역설적으로 일부 학자들은 기독교가 자본주의와 유사 동종으로서 자본주의의 발흥에 기여했다고 주장한다. 예컨대 막스 베버는 프로테스탄트(특히 칼뱅주의) 윤리가 자본주의 발흥의 배후에 있다는 논리를 폈다. 이 논리의 출발점은 우리가 열심히 일하는 것이야말로 하나님께 대한 헌신을 보여준다는 것이다. 즉 부지런한 노동은 하나님의 은혜를 보여주는 징표라는 것이다.

이와 달리 가톨릭은 내세 지향적이다. 적어도 20세기 말까지만 해도 가톨릭은 이 세상에 속하지 않은 것을 강조해왔다. 가톨릭과 달리 개신교는 세상적인 활동에 가치를 부여하기 시작했다. 근면한 노동을 하나님의 은혜의 징표로 간주하는 자세에서 자본의 축적을 의무로 삼는 관념이 태동했다. 자본주의는 이윤 자체를 하나의 목표로 삼고 이를 미덕으로 본다. 칼뱅주의자들은 세상적인 성공을 구원 여부의 실마리로까지 간주했다. 그 결과 자본의 이윤이나 물질적 성공이 하나님의 은총을 대변하게 되었다. 이런 입장이 근대 자본주의에 이르는 길을 닦았다. 그래서 베버는 프로테스탄티즘이 자본주의의 발흥에 기여한 요인이라고 결론지은 것이다.

개신교가 자본주의의 종교적 뿌리라고 비난하는 것은 과할 수도 있다. 그런데 미국은 개신교의 가치관에 기초한 나라이다. 이 나라에서 가톨릭은 지배적인 역할을 담당하지 못했다. 어쩌면 가톨릭 신자가 압도적으로 많은 라틴계 이민자가 많아지면서 상황이 달라질지도 모른다. 여기서는 가톨릭의 사회 교리가 기독교의 틀 안에서 쇼핑과 소비주의의 문제를 어떻게 다루는지 살펴보고자 한다. 나 자신이 속해 있는 이 가르침은 아직까지 미국에서 지배적인 사상으로 자리 잡지 못했기 때문이다.

홈보이 인더스트리스 나는 3년간 로스앤젤레스에 있는 로욜라메리마운트 대학교에서 가르친 적이 있다. 학교에 부임하고 몇 달 되지 않아 그렉 보일Greg Boyle이라는 예수회 신부에 대해 듣게 되었다. 만나는 사람들마다 "라틴계 갱단 출신들과 함께 일하는 분"을 꼭 만나보라고 당부했기 때문이다. 하지만 2년이 흐른 뒤에야 나는 학생들과 함께 로스앤젤레스에서 가장 위험한 지역으로 꼽히는 보일 하이츠에 위치한 홈보이 인더스트리스Homeboy Industries 사무실을 방문할 수 있었다. 보일 신부는 전에 돌로레스 미션 교회의 목회자로 일했던 분이다. 돌로레스 미션은 로스앤젤레스 가톨릭 관구에서 가장 가난한 교구이다. 미시시피 서부 최대의 공공주택 건설 지역(피코 가든즈와 알리소 빌리지)으로 지정될 만큼 열악한 지역이다. 그리고 이 주택 건설 사업은 이 대도시에서 가장 갱단의 구미를 당기는 일이었다.

홈보이 인더스트리스는 갱단 출신 청소년들을 위한 구직 센터이자 사업 개발 프로그램이다. 그렉 신부(G라는 애칭으로 통한다)는 돌로레스 미션에서 목회하는 동안 마을을 파괴하는 갱단의 폭력적인 활동을 여러 차례 목격했다. 갱단에 희생된 어린이들의 장례 미사를 여러 차례 치르고 나서 그렉은 뭔가를 하기로 결심했다. 그래서 갱단을 떠나고 싶어 하는 젊은이들을 돕기 위한 일종의 재활센터로 홈보이 인더스트리스를 세우게 된 것이다. 그렉은 전과가 있는 갱단 출신자는 취직하기가 매우 어렵다는 사실을 발견했다. 홈보이 인더스트리스는 구직을 돕기 위해 직업 훈련을 제공하는 한편, 취업 면접에 입고 갈 옷을 마련해주기도 한다. 한때 갱단에 몸담았던 흔적인 문신을 무료로 지워주는 서비스도 하는데, 지금 신청하면 아홉 달이나 기다려야 할 정도로 대기자가 많다. 또 제과점, 스크린 인쇄, 상품 기획, 낙서 제거 등의 다양한 사업도 운영한다. 폭력과 가난의 악순환에서 벗어나고 싶은 천여 명의 갱단 출신 젊은이들이 홈보이 인더스트리스를 방문하고 있다.

나는 그렉이 펼치고 있는 사역을 직접 듣고 감동을 받았지만 여기에 그걸 옮기려는 것은 아니다. 그렉 신부의 놀라운 점은 흔히 우리 사회가 쓰레기 취급을 하며 함부로 취급하는 젊은이들을 온전한 인간으로 볼 수 있는 능력에 있다. 언젠가 그렉 신부는 "나는 내가 섬기는 사람들처럼 거룩해지려는 노력을 중단했다"고 말하기도 했다. 무가치한 존재로 치부되는 사람들을 귀중한 존재로 보는 이 파격적인 증언에 나는 눈물을 흘리지 않을 수 없었다. 그렉 신부는 강연이 있을 때마다 재활 중인 사람들을 동반하는데, 그들 중 폭행죄로 독방에 갇힌 적이 있는 21살 청년이 생각난다. 당시 우리는 한 대학교가 그렉 신부를 위해 마련한 호화로운 강연장 바깥에 있었는데, 그 청년은 주변 분위기에 불편해하는 기색이 역력했다. 단 한 번도 대학 캠퍼스에 발을 들여놓은 적이 없었기 때문이다. 21살이라면 내가 조지타운 대학교를 졸업할 때 나이다.

라틴 아메리카의 해방신학자들은 '가난한 자를 위한 우선적 선택'을 주장하는데, 그 내용은 가난한 사람의 안목으로 세상을 보고 그들의 관점에 우선권을 부여해야 한다는 것이다. 이 주장의 근거는 꼴찌가 결국 첫째가 된다는 기독교 인간관에 있다. 그렉 보일은 '가난한 자를 위한 우선적 선택'의 훌륭한 본보기다. 그는 또 '자발적인 가난'의 삶을 보여주는 모델이기도 하다. '자발적인 가난'이란 특권이 없는 자들에게 힘을 실어주기 위해 특권을 포기하는 실천으로, 아시아 신학자들이 개발한 개념이다. 홈보이 인더스트리스를 방문하는 사람들은 이런 기독교 용어는 몰라도 이와 비슷한 기독교 비전과 사명을 목격하게 될 것이다. 그들의 사무실에서 기독교 제자도가 요구하는 급진적인 소명을 되새기며 큰 도전을 받게 될 것이다. 교회가 사람들이 잊어버린 공간, 달가워하지 않는 공간에 거하는 것을 확인하고, 이 교회야말로 참된 교회임을 알게 될 것이다. 예수님이 만나주신 사마리아 여인처럼, 그렉 보일과 홈보이 인더스트리스는 경계선에 서 있는 증인이자, 그 경계를 뛰어넘어 사회적 부적응자들을 위해 사역하는 살아 있는 증인이다.

가톨릭의 사회 교리 그렉 보일 신부의 사역은 가톨릭의 사회 교리를 연상시킨다. 가톨릭의 사회 교리(Catholic Social Teachings, 약자로 CST)는 현실 문제에 대한 가톨릭 교회의 가장 위대한 해법이다. CST는 신앙과 일상생활의 접합점에 주목한다. 또 가톨릭 교회가 견지하는 공동선the common good 개념에 기초한다. 공동선은 사회적 본성을 갖고 있는 인간이 상호의존적인 존재라고 이해한다. 즉 인간은 극히 고립된 개개인으로 존재하는 것이 아니라, 인류라는 공동체의 모습으로 존재한다. 공동선은 인간이 하나님의 형상으로 창조되었다는 창세기 신학에 근거한다. 기독교 전통이 말하는 하나님은 삼위일체이므로, 인간이 지닌 '하나님의 형상'

또한 삼위일체의 특징을 갖고 있다. 삼위일체는 하나가 아닌 삼중적인 하나님을 계시한다. 즉 세 위격이 하나의 관계로 구성되는 하나님을 보여주는 것이다. 이 관계성이야말로 우리 속에 있는 하나님의 형상을 반영한다. 따라서 우리가 하나님의 형상을 가장 구체적으로 반영하는 길은 우리의 관계를 통해서 가능하다.

하나님의 형상을 삼위일체로 이해하는 것은 역사적인 기독교 신학에 근거한다. 삼위일체는 교리 개념으로만 머물지 않고 창조와 구원의 경륜으로 흘러들어간다. 또한 공동체와 교회를 이해하는 토대가 된다. 그리스도를 통해 표출된 삼위일체의 상호적인 사랑은 공동체 내에서 우리가 맺고 정립하는 관계에 대한 평등주의적인 이해의 토대를 제공해준다.

우리가 지닌 '하나님의 형상*imago Dei*'은 인간이 서로 관계를 맺는 본성에서 확인된다. 우리는 하나님, 동료 인간, 나머지 피조물과 맺는 관계를 통해 우리 속에 있는 하나님의 형상을 반영한다. 인간은 자족적인 존재가 아니고 상호관계에 의해 구성된다. 그렇다고 관계 자체를 무비판적이고 낭만적으로 받아들이자는 것은 아니다. 모든 관계가 하나님의 형상을 반영하는 것은 아니다. 우리가 맺는 관계는 예수님의 구체적인 삶과 사역, 죽음과 부활을 근거로 평가될 수 있다. 예수님이 행하신 정의로운 사역을 우리 삶에 반영함으로써 그리스도의 형상으로, 결과적으로 하나님의 형상으로 성장하는 것이다. 인간사회의 특정 계층만 특권층으로 받드는 위계적인 관계는 예수님의 포괄적인 공동체 개념과 상충되고 하나님의 계시에 반하는 것이다. 이에 따라 가톨릭의 사회교리는 인간의 구원을 사회적인 것으로 본다. 바로 공동선이 이런 공동체적 모델을 부각시킨다. 개인 구원은 온 인류의 구원과 불가분의 관계에 있다. 우리의 구원을 타인의 구원과 연관시키지 않고는 도무지 이해할 수 없기 때문이다.

CST의 토대가 되는 도덕은 공동선이란 기초에서 파생된다. 우리가 사회적 본성을 갖고 있다는 믿음은 충분한 도덕적 함의를 지니고 있다. 공동선의 도덕에서 기인한 중요한 주제들은 다음 세 가지이다. 첫째는 우리의 권리와 의무이다. CST는 공동체주의에 근거하고 있기 때문에 도덕은 타인에 대한 능동적인 의무를 신뢰한다. 도덕이나 책임이란 말을 들으면 흔히 '반드시' 해야 할 일이란 생각이 떠오를 것이다. 하지만 CST는 이런 태도를 지향하지 않는다. 타인에 대한 우리의 의무는 우리가 행하고 싶어 하는 것이다. 우리는 동료 인간과 연대하기를 원하고, 그들에게 힘을 실어주고자 한다. 하나님에 대한 사랑이 이웃에 대한 사랑에 반영된다는 사실을 받아들인다. 이런 능동적인 의무는 개인적인 차원뿐 아니라 사회적인 차원도 갖고 있다. 사회, 정치, 경제 권리는 곧 타인과 연대를 맺을 의무를 담고 있다. 소유와 소비를 중시하는 사회에서 CST가 주장하는 바는 이렇다. 우리는 원하는 만큼 돈을 벌 수 있지만, 어떻게 그 재물을 사용하는가가 더욱 중요하다. 오늘날 부유한 사람들 중에는 자신의 재물을 쌓아놓는 대신 긍정적으로 사용하기 위해 노력하는 사람들이 상당히 많다.

공동선의 도덕에서 기인한 둘째 주제는 부차성subsidiarity의 원칙이다. 부차성의 원칙은 복수의 기관들이 연대 작업을 할 때 서로 관계를 맺는 방식을 규제하는 원칙이다. 즉 어떤 일을 크고 복잡한 조직 대신 작은 조직이 수행할 수 있다면 작은 조직에게 맡겨야 한다는 원칙이다. 이 원칙은 복수의 그룹이 통제권을 갖게 되도록 권력을 분산시키는 데 의의가 있다.

셋째 주제는 세계적 차원에서 하나님과 이웃과 바른 관계를 맺는 평화이다. CST에서 평화의 기초는 정당한 전쟁론just war theory이다. 그것은 전쟁을 예외적인 경우로만 정당화할 수 있는 혐오스러운 행위로 정의한다. 대체 전쟁이 쇼핑과 무슨 관계가 있느냐고 물을지 모르겠다. 경제, 사회, 문화의 불평등은 평화를 위협하기 마련이다. 사실 가난과 폭력 사이에는 직접적인 상관관계가 있다.

관찰, 판단, 행동 인간에 대한 공동체적 이해를 도모하는 가톨릭의 세계관은 신앙과 일상생활이 교차한다고 본다. 그래서 다음 세 가지, "관찰하라, 판단하라, 행동하라"고 가르친다. 다시 말하면, 주변 세계에서 발생하는 갈등이나 사건들을 잘 평가하고 신학적으로 판단한 뒤에 반응하라는 뜻이다. 좀 더 제도적인 교회 차원에서 가톨릭의 사회 교리는 교황과 주교들이 집필한 공식적인 문서에 기초를 두고 있다. 이 문서들은 특정한 사회 이슈를 다루며 가톨릭의 가르침에서 조명한 신학적 성찰을 제공한다.

> 도덕을 제외한 모든 것은 돈으로 살 수 있다.
>
> 장 자크 루소

이 가르침은 행동하도록 요구하는 데 특징이 있다. 이 전통의 뿌리에는 1891년 노동자의 권리 문제를 다룬 교황 회칙 〈노동헌장*Rerum Novarum*〉이 있다. 이 문서를 읽어보면 가톨릭이 노동자에게 공정한 임금을 주도록 요구하고 그들의 권리를 옹호하고 있음을 알게 될 것이다. 이 문서는 산업화와 도시화와 가난으로 점철된 19세기 말의 시대 상황을 잘 **관찰하고**, 노동자도 하나님이 창조하신 온전한 인간이란 사실에 비추어 그들이 받는 부당한 대우와 불의한 조건을 **판단해서**, 노동자의 권리를 찾기 위해 **행동하라**고 촉구한다. 〈노동헌장〉은 최초의 사회 회칙으로서 교회 문서 가운데 새로운 장르를 개척한 헌장이다. 헌장이 처음 발표되었을 때 많은 사람들은 교황이 노동자 권리 같은 문제를 논평해서는 안 된다고 생각했다. 당대의 역사적 상황에 따라 만들어지긴 했지만, 사실 모든 시대에 늘 존재하는 항구적인 갈등을 다룬다는 점에서 이 문서에 주목할 필요가 있다. 이처럼 CST는 공동선을 지지하기 때문에 인간의 존엄성을 옹호하고 가난한 자와 환경을 보호하도록 촉구한다.

쇼핑과 관련해서는 "얼마만큼 가져야 충분한가?"라는 질문을 살펴볼 만하다. 최근의 문서 가운데 요한 바오로 2세가 반포한 회칙 〈백주년*Centesimus Annus*〉에는 이렇게 쓰여 있다. "더 잘 살고 싶어 하는 것은 잘못이 아니다. 잘못은 '존재'보다 '소유'를 지향하고, 더 나은 존재가 되려고 더 많이 소유하려는 대신, 인생을 즐기는 것 자체를 목적으로 삼아 더 많이 소유하려는 생활방식에 있다"(36항, 모든 교황 문서는 바티칸 웹사이트 vatican.va에서 볼 수 있다). 이것이 근본적인 논점이다. 잘 살고 싶어 하는 것은 잘못된 일이 아니다. 나사로와 부자의 비유나, 부유한 젊은이 이야기를 읽었다고 해서 자신과 가족에게 필요한 것을 공급하는 일에 죄책감을 느낄 필요는 없다. 교황이 회칙에 쓴 대로, 잘못은 '소유'에 지배당하는 인생을 사는 데 있다. 물질을 소유하고픈 욕망, 그것도 가능한 많이 축적하려는 욕망에 지배당하는 인생에 문제가 있다. 교황은 인생을 있는 그대로 즐겨야 한다고 주장한다. 우리의 인생과 행복은 물질적인 부만으로는 평가될 수 없다.

같은 문서에서 요한 바오로 2세는 다음과 같이 쓰고 있다. "따라서 우리는 공동의 성장을 위해 소비와 저축과 투자를 결정하는 요인으로 진리, 선행, 아름다움, 타인과의 교제를 지향하는 생활방식을 정립해야 한다." 교황은 우리의 신학적 세계관이 소비자 선택을 이끌어야 한다고 주장한 것이다. 우리와 하나님의 관계를 규정하는 원리들이 우리와 물질의 관계도 규정하게 해야 한다는 뜻이다. 교황이 소비나 저축이나 투자에 반대하는 게 아니다. 재물을 포기하라고 명하는 것도 아니다. 다만 우리의 돈을 어떻게 평가하고 사용할지 지도하는 '경제 영성'을 가져야 한다고 말하는 것이다. 쇼핑을 일종의 영적 경험으로 여기는 현대인이 많은 줄 알지만, 여기에서 교황이 주장하는 영성은 물건을 구매할 때 느끼는 감정적인 '고조상태'와는 전혀 다른 것이다.

가톨릭의 사회 교리는 오늘날 지구촌을 지배하는 대다수의 경제 모델에 비판적이다. 논란이 되고 있긴 하지만, 가톨릭 교회는 사회주의가 사유재산을 부정하고 계급투쟁을 부추긴다는 이유로 비판한다. 마찬가지로 또 다른 극단인 자본주의는 공동선과 노동자의 존엄성을 부정한다는 이유로 비판한다. 자본주의는 인간의 삶보다 경제 이익을 우선시하고 개인의 재정적 성공에 지나치게 중점을 두는 문제를 안고 있다. 개인적인 부의 축적에 기반을 둔 체제는 결코 인간 공동체의 공동선에 기반을 둘 수 없다. 개인의 이익이 언제나 우선시되기 때문이다. 거듭 강조하지만, 미국의 소비문화는 소비자를 노동자보다 우선시한다. 다시 말해 노동자의 존엄성은 자본주의 문화에서 중요한 요인으로 고려되지 않는다. 물론 그렇지 않다고 반발하는 사람이 있을 수도 있다. 미국에는 노동자의 권익을 보호하는 많은 노동조합과 법률이 있다고 말이다. 하지만 우리가 구매하는 수많은 상품은 외국 노동자들이 생산하고 재배한 것이다. 의식하든 하지 않든, 미국인은 외국인 노동자의 존엄성과 노동환경이 손상되는 데 책임이 있음을 알아야 한다.

정의와 사랑 소비 자체는 죄악이 아니다. 문제는 과도한 소비이다. 가톨릭의 사회 교리는 여분의 재산을 가난한 자를 돕는 데 쓰라고 제안한다. 과도한 소비는 환경을 파괴하기 마련이고, 소비 자체를 인생의 목적으로 삼는 것은 인간의 존엄성을 부정하는 일이다. 과도한 소비가 왜 환경을 파괴하는지는 뒤에서 다룰 생각이다. 두말할 나위 없이 미국인이 소비하는 속도는 지구를 파괴하기에 충분하다.

가톨릭의 사회 교리는 부를 소유한 개인을 정죄하지 않지만 그 재물을 가난한 자와 연대하는 데 사용하라고 도전한다. 하지만 쇼핑이 우리 삶의 중심을 차지하게 되면 동료 인간은 뒷전으로 물러날 수밖에 없다.

2009년 교황 베네딕토 16세가 반포한 사회 회칙 〈진리 안에서의 사랑Caritas in Veritate〉은 가톨릭의 사회 교리에서 나온 가장 최근의 문서이다. 이 문서의 토대는 정의와 사랑의 밀접한 관계이다. 정의는 사랑에 내재되어 있어 떼어놓을 수 없다(6항). "진리 안에서 사랑은 예수 그리스도가 지상에서의 삶과 특히 죽음과 부활을 통해 증언한 것으로 각 사람과 모든 인류의 진정한 발달 배후에 있는 으뜸가는 원동력이다"(1항). 우리의 동료 인간에 대한 사랑은 우리가 인간 공동체와 맺는 관계의 토대이다. 사랑의 토대는 예수님을 통한 하나님의 구원에 담긴 진리이다. "진리가 없이는, 진실한 것에 대한 신뢰와 사랑이 없이는, 사회적 양심과 책임도 있을 수 없고, 특히 오늘날처럼 세계화된 사회에서 사회적 행동은 사적인 이익과 권력의 논리에 종노릇하다가 결국 사회적 파편화 현상을 초래하고 만다"(5항). 사랑에 대한 교황의 논평은 내가 앞에서 언급한 의도와 연결된다. 우리의 행동은 정죄의 두려움이 아니라 동료 인간에 대한 사랑과 연민에서 기인해야 한다. 동료 인간에 대해 진실한 사랑을 느끼지 못하고, 동료 인간을 우리와 동등한 존재로 보지 못한다면, 인간이 비인격적인 소유물보다 못한 것으로 평가절하되는 법이다. 그런 점에서 공동선을 이루고자 하는 열망이 정의와 사랑의 토대가 되는 것이다.

우리의 목표와 가치관이 왜곡되고 쇼핑을 동료 인간보다 중시하거나 이윤 자체를 목표로 삼을 때, 우리는 세계의 가난에 책임 있는 공범자가 된다. 개발 역시 공동선의 개념에서 재평가할 필요가 있다. 개발은 통합적인 성격을 지녀야 한다. 경제적인 개발과 기술적인 개발만으로는 충분치 않다. "그러므로 식량과 가용한 물을, 아무런 차별 없이, 모든 인간의 보편적 권리로 간주하는 공적인 양심을 함양하는 것이 필요하다"(27항). 우리가 이룩한 기술 발달과 진보를 목격하며 인간의 위대함을 얘기하기는 쉽다. 하지만 더욱 심각해지는 세계의 가난 문제와 확대되는 빈부 격차를 고려한다면, 우리가 고도의 문화를 달성했다고 말하기는 어려울 것이다. 대다수의 세계 인구를 소비용 상품보다도 덜 중요한 것으로 평가절하하는 문화를 과연 고도의 문화라고 부를 수 있는가?

이 회칙이 지적하는 근본적인 문제는 인간이 자기 스스로를 생명의 주인으로 여긴다는 점이다. 이 문제는 우리의 원죄로부터 나온다. 우리가 서로에게 정의롭게 행하려면 우리의 삶에 하나님을 모셔야 한다는 점을 인정하려 들지 않는다. 이와 관련해 교황은 장터를 예로 든다. 물건을 사고파는 장터 자체는 불의한 것이 아니지만, 특정한 이데올로기는 그것을 파괴적으로 만들 수 있다. 경제는 윤리적으로 중립적이지 않다. 따라서 윤리가 필요하다. 최근 들어 미국인들은 이 점을 잘 인식하게 되었다. 수십 년 간 지속된 대규모 경제 위기에도 아랑곳하지 않는 고위 임원들의 과도한 지출이 사회적 지탄을 불러왔기 때문이다. 교황은 기업이 좀 더 사회적인 책임감을 가질 필요가 있다고 주장한다. 대기업은 책임을 면하기 위해 다른 회사들에게 외주를 주곤 한다. 하지만 대기업은 자기네 일에 연관된 모든 노동자에게 책임을 져야 한다. 마찬가지로, 소비자도 사회적 책임이 있다. 이 주제를 다루는 대목을 인용하면 다음과 같다.

> 그러므로 소비자도 특정한 사회적 책임이 있는데, 기업의 사회적 책임과 마찬가지이다. 소비자도 일상적인 역할 속에서 지속적인 교육을 받고 구매 행위의 경제적 합리성을 감소시키지 않으면서도 도덕적 원리를 존중하는 방향으로 책임을 행사해야 한다. 소매업 분야에서 현재와 같이 구매력이 감소하고 사람들이 검소하게 살아가

는 시기에는 다른 길을 모색할 필요가 있다. 예컨대 19세기부터 부분적으로 가톨릭의 주도하에 시작된 소비자 협동조합과 같은 협동 구매의 형식을 취할 수 있다. 또 세계의 빈곤 지역에서 생산된 물품을 구매할 때 생산자들에게 좋은 수익이 돌아가도록 보장하는 새로운 방법을 촉진시킬 수도 있다. 이를 위해서는 우선 몇 가지 조건들이 충족되어야 한다. 시장은 진정한 의미에서 투명해야 한다. 생산자는 이익률의 증대뿐 아니라 전문적인 기술 훈련에 더 관심을 쏟아야 한다. 또 구매 거래는 당파적 이념의 인질이 되어서는 안 된다. 명민한 소비자의 역할은 그들이 진정으로 대변하지 않는 협회에게 조작당하지 않는 한 경제 민주주의를 건설하는 데 바람직한 필수요소이다(66항).

즉 상품 생산자들에게만 책임을 지워서는 안 된다. 구매자도 책임이 있다. 소비주의의 함의와 관련하여 소비자도 자신을 교육할 책임이 있는 것이다.

오늘날처럼 인터넷 등을 통해 무한한 정보를 얻을 수 있는 시대에는 몰라서 그랬다는 식으로 변명하기가 어렵다. 소비자 스스로 소비 방식을 재고하고, 개인의 대량 소비를 줄이기 위해 공동으로 물건을 구입하는 등의 대안을 모색해야 한다. 소비자의 권한을 이용해 공정한 노동 환경을 조성하기 위해 실천하는 기업가들을 격려할 수도 있다. 사실 소비자는 기업에 영향을 미칠 수 있는 엄청난 힘을 갖고 있다. 어쨌든 시장은 구매자의 요구에 부응하지 않을 수 없기 때문이다. 만일 미국의 소비자들이 노동자 권리를 보호하기 위해 분명한 입장을 취한다면, 값싼 물건을 위해 동료 인간을 싸구려 취급하지 말라고 요구한다면, 어쩌면 우리가 가진 달러의 힘으로 세상을 변화시킬 수 있을 것이다. 그렇다고 해도 기업은 우선 책임을 면할 수 없다. "현재 기업계의 사회적 책임에 관한 토론에서 제기되는 윤리적 고려사항들을 가톨릭의 사회 교리 관점에서 모두 받아들일 수 없다 하더라도, 기업의 경영진은 소유자들의 이익뿐 아니라 기업의 삶에 기여하는 다른 주주들에게 책임을 져야 한다는 확신이 점점 커지고 있다. 여기에는 노동자, 고객, 부품 공급자, 관련된 공동체 등이 모두 포함된다"(40항). 한 마디로 이윤 추구만이 기업을 지배하게 두어서는 안 된다. 인간의 존엄성이 우리의 생산과 소비 방식을 좌우해야 마땅하다.

번영 신학

물론 모든 그리스도인이 내 주장에 동의하리라 기대하지는 않는다. 어떤 이들은 하나님이 자본주의를 선호하시고 그분의 은총은 부의 증식을 통해 증명된다고 말할 것이다. 기독교와 소비주의의 결합은 이른바 번영 신학prosperity gospel을 통해서도 드러난다. 번영 신학의 창시자들은, 신실하게도 교회에 헌금을 많이 내면 하나님이 재정적으로 보상해주신다고 설교한다. 마침 이들 설교자들도 재산이 엄청 많기 때문에, 사람들은 그들의 성공이 하나님의 은총의 결과임을 쉽게 받아들인다. 그래서 이 설교자들을 쫓아다니며 자신도 그런 은총을 받게 되리라 기대한다. 이런 설교는 공공연히 부를 자랑하면서, 하나님의 은총을 받기 위해 설교자를 재정적으로 후원하라고 노골적으로 요청한다.

이런 ('건강과 부의 복음'으로도 알려진) 번영 신학은 하나님은 그리스도인이 가난해지는 것을 원치 않으신다고 주장한다. 이를 신봉하는 자들은 하나님이 이생에서의 성공을 약속하셨고, 이 성공은 소유의 확대로 드러난다고 믿는다. 이들이 좋아하는 핵심 구절 중 하나가 요한복음 10장 10절이다. "내가 온 것은 그들로 생명을 얻게 하고 더 풍성히 얻게 하려는 것이라." 이 말씀을 근거로 대량 소비와 쇼핑 중독을 정당화하는 해석을 내놓고 있는 것이다. 번영 신학은 현재 미국을 비롯한 여러 나라에서 성장하고 있다. 미국에서 가장 크다는 네 군데 초대형교회 모두 번영 신학을 모토의 일부로 삼고 있다. 번영 신학은 하나님이 물질세계를 창조하셨고 우리도 그 세계를 즐기라고 명하신다고 주장한다. 이를 뒤집으면, 우리가 가난해지는 것은 결코 하나님의 뜻이 아니다. 재물만을 하나님의 은총의 표시로 여기며 가난한 자를 모욕하는 것이다.

어쩌면 번영 신학은 미국식 대량 소비와 기독교 세속주의가 결탁한 결과일 수도 있다. 그래서 사람들을 끌어당기며 급속도로 퍼져나가고 있는 것일지도 모른다. 번영 신학의 전달자들은 다윗이나 솔로몬 같은 부유한 구약 인물들을 근거로 자신들의 가르침을 정당화한다. 애틀랜타를 중심으로 번영 신학을 확산시키고 있는 크레플로 달러(Creflo A. Dollar Jr., 이것이 실명이다)는 말로는 자기 신학이 재물과 상관없다고 하면서도, 최고급 롤스로이스와 전용 비행기와 수백만 달러짜리 집을 소유하고 있다. 일부 교회에서는 성경 구절을 기업가 정신과 연계시키면서 교회에 비즈니스 과정을 개설하기도 한다. 대개 목사들의 부가 자연스럽게 과시되고, 추종자들은 그런 '기독교'를 좇아 교회에 헌금을 많이 내기만 하면 자신들도 그들처럼 돈과 명품을 소유하게 되리라 믿는다. 번영 신학은 많은 사람들의 부를 정당화하고 가난한 사람에게는 믿음을 통해 언젠가 부자가 될 수 있으리라는 희망을 준다. 목사에게 충성하고 교회에 열심히 헌금하면, 결국 하나님이 모든 것을 공급해주신다는 믿음이다.

이상으로 쇼핑에 대한 기독교의 입장을 살펴보았다. 한결같이 드러나는 것은 기독교 가치관이 현재 미국을 지배하고 있는 소비주의 풍조와 크게 다르다는 점이다. 쇼핑 자체는 죄악이 아니지만, 쇼핑하는 물건을 하나님의 창조세계나 하나님과의 관계보다 더 중시하는 것은 분명히 죄다. 쇼핑에서 자신의 정체성을 찾거나 쇼핑을 세상에 참여하는 주된 통로로 삼아서는 안 된다. 하지만 우리는 이 세계, 더 정확히는 소비주의가 지배하는 나라에 몸담고 있다. 그래서 그리스도인이 어떻게 쇼핑하는 것이 바람직한지는 여전히 궁극의 질문으로 남아 있다. 구체적인 방법론을 제시하기는 어렵지만, 내가 이 주제를 붙들고 씨름하면서 얻은 통찰이 조금이나마 도움이 되기를 바란다.

3

◇◇

쇼핑의 재구성

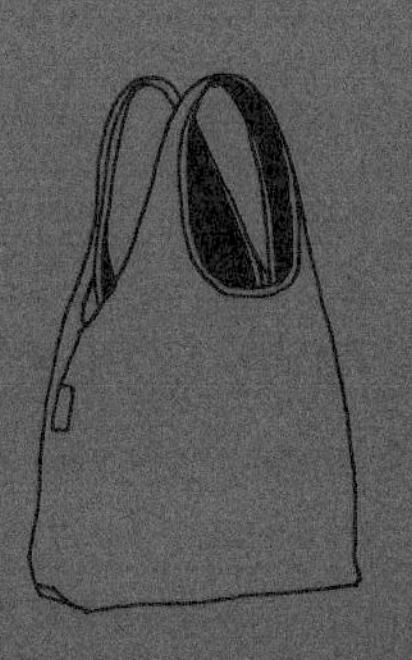

"

너희는 어찌
의복을 위하여
염려하느냐.

마태복음 6:28

"

나는 이 년에 한 번씩 '종교와 성'이란 과목을 가르친다. 이 과목은 한 학기 내내 아담과 하와의 이야기가 나오는 창세기 2장과 3장을 공부한다. 인간의 타락을 다룬다고 알려진 본문이다. 먼저 본문을 자세히 읽고 나서 역사적으로 유대인과 그리스도인과 무슬림이 이 단락을 어떻게 해석해왔는지 살펴본다. 끝으로 아담과 하와의 이야기가 현재 우리가 이해하는 남녀의 역할에 어떤 의미를 갖는지 토론한다. 이 과목의 장점은 함께 공부하는 20대 대학생의 참신한 눈을 통해 성경 본문에 담긴 뜻을 새롭게 발견할 수 있다는 점이다.

이 이야기의 요소 가운데 유달리 나와 학생들의 관심을 잡아끄는 대목이 있다. 바로 벌거벗은 상태에 관해서다. 아담과 하와는 타락하기 전에는 "벌거벗었으나 부끄러워하지 않았다"(창 2:25). 금지된 열매를 먹고 나서 가장 먼저 한 일이 옷을 입는 것이었다.

죄를 범하기 전에 사람은 벌거벗은 상태로 행복해했다. 자기 몸을 부끄러워하거나, 상대방 앞에서 벌거벗은 것을 부끄러워하지 않았다. 우리 집의 두 살과 네 살짜리 아이들이 전혀 거리낌 없이 집에서 벌거벗은 채 뛰어다니는 것을 보면 아담과 하와의 원래 모습이 생각난다. 상징적인 의미에서 옷이란 인간이 하나님께 불순종한 결과, 인간이 하나님과 같이 되려고 했던 결과라는 사실이 새삼 떠오른다. 만약 패션이 해산의 고통이나 강제 노동처럼 죄로 인한 결과라면 내 옷장에 가득 찬 옷들을 어떻게 봐야 할까? 나는 패션의 어두운 단면을 완전히 수용한 셈이다.

오늘날 미국을 지배하는 소비주의 풍조는 미국 초창기의 청교도 정신에 비추어보면 비교적 최근의 현상이라고 할 수 있다. 오늘날 미국 문화 속에도 반소비주의 청교도 기풍이 없지 않다. 하지만 기술 발달과 세계화 영향으로 미국은 소비주의와 긴밀한 동반자 관계가 되었다. 그 결과 쇼핑은 온 국민의 소일거리가 되었다. 한 걸음 더 나아가 쇼핑은 미국식 애국주의의 한 요소가 되었다고까지 말하고 싶다. 좋은 '미국인'이 되려면 당연히 쇼핑을 해야 한다는 것이다. 하지만 좋은 그리스도인이 되려면, 왜 어떻게 쇼핑을 하는지 신중히 생각해야 한다. 이제 마지막 장에서 다루려는 주제는 그리스도인이 어떻게 하면 쇼핑 문화 속에 살면서도 기독교 가치관을 충실히 견지할 수 있느냐는 것이다. 이 건설적인 제안이 모두에게 통찰력을 제공해서 그리스도인답게 쇼핑하고 인생을 살아가는 데 도움이 되기를 바란다. 우리가 무슨 상품을 구입하고 어떻게 소비하느냐는 결국 우리와 하나님의 관계, 우리와 타인의 관계, 우리와 우리 자신의 관계를 반영하기 때문이다.

나는 앞에서 검토했던 여러 극단에 빠지지 않고 균형 잡힌 길을 모색하고 싶다. 이를테면, 쇼핑과 물질주의는 하나님이 주신 것이라거나 우리의 재물은 하나님 은총의 징표라는 식으로 주장하고 싶지 않다. 혹은 또 다른 극단으로서, 세계를 부정해야 한다거나 소유물은 반드시 피하고 정복해야 할 통제 불능의 유혹거리라는 식으로 주장하고 싶지도 않다. 극단적인 반물질주의도 피해야 하지만, 소비주의에 윤리적인 측면이 있음을 의식하고, 우리가 무엇을 어떻게 구입하느냐가 타인에게 영향을 준다는 점을 알아야 하기 때문이다. 물론 물질의 소유에서 얼마만큼이 충분한지 깨닫고, 물질세계에 하나님의 선한 창조를 반영하는 아름다움이 있음도 인식할 필요가 있다.

원죄

자칫하면 기독교는 반물질주의 종교로 해석되기 쉽다. 다음과 같은 구절들 때문이다.

이 세상이나 세상에 있는 것들을 사랑하지 말라. 누구든지 세상을 사랑하면 아버지의 사랑이 그 안에 있지 아니하니 이는 세상에 있는 모든 것이 육신의 정욕과 안목의 정욕과 이생의 자랑이니 다 아버지께로부터 온 것이 아니요 세상으로부터 온 것이라. 이 세상도 그 정욕도 지나가되 오직 하나님의 뜻을 행하는 자는 영원히 거하느니라(요일 2:15-17).

이 구절의 궁극적인 의미는 물질세계에 속한 모든 것이 유한한 성격을 갖고 있다는 점이다. 즉 이런 것들은 우리와 하나님의 관계에 걸림돌이 되므로 욕심을 품고 갈망하지 말라는 충고다. 저자 요한은 물질적인 것들이 악하다고 주장하지 않는다. 하지만 영원한 생명과 하나님의 사랑 대신 세상의 물질주의에 사로잡힐 위험이 있다고 경고한다.

이 구절 속에서 예수님이 사마리아 여인에게 하신 말씀, 즉 세상이 주는 물은 언제나 다시 목마르지만 하나님이 주시는 생수는 영원히 목마르지 않으리라는 말씀이 연상된다. 물질세계 자체를 악한 것으로 묘사하지는 않지만, 그것이 인간을 유혹할 수 있다는 점을 분명히 하는 구절들이다. 세상 때문에 흐트러져서 하나님에게 초점을 맞춰야 한다는 사실을 잊어버릴 수 있는 것이다.

> 나는 초지일관 쇼핑이 정신과 의사보다 더 싸다고 생각한다.
>
> 태미 페이 바커

이 주제에 가장 능통한 (또한 영향력을 미친) 기독교 사상가는 역사상 가장 위대한 교부였던 북아프리카 히포의 아우구스티누스다. AD 354년에 타가스테(오늘날의 알제리)에서 태어난 히포의 아우구스티누스는 기독교 역사를 통틀어 가장 영향력 있는 신학자로 손꼽힌다. 원죄 교리의 '아버지'라 불리는 아우구스티누스의 전집은 삼위일체, 은혜, 성윤리, 교회의 본질, 영성 등 매우 다양한 주제를 다루고 있다.

아우구스티누스의 《고백록》은 서양에서 집필한 최초의 영적 자서전으로 평가받는다. 《고백록》의 첫 단락은 내가 너무나 사랑하는 문장이다. "우리의 마음은 당신 안에 안식할 때까지 안식을 찾을 수 없습니다." 이 단순한 문장은 우리가 하나님을 위해 창조되었다는 주장으로 이어진다. 즉 우리는 하나님을 찬양하기 위해 지음 받았다. 또 하나님을 위해 창조되었기에 오로지 하나님 안에서만 평안을 찾을 수 있다. 인간이 갈증과 불만족을 느끼는 것은 하나님의 형상으로 창조되었지만 원죄로 인해 하나님 없는 불완전한 존재가 되었기 때문이다. 인간은 이미 타락한 상태이기 때문에 누구나 태어날 때부터 죄를 갖고 있다. 아우구스티누스는 타락한 상태의 뿌리를 창세기 아담과 하와의 이야기에서 찾는다. 아담과 하와가 죄를 범했기 때문에 우리 모두는 죄 있는 상태로 태어나는 것이다. 아우구스티누스는 원죄의 교리를 상세히 설명한 최초의 기독교 사상가다. 모든 인간이 부모의 교만한 불순종의 결과로 죄 있는 상태로 태어난다는 것은 전통적인 기독교 개념이다. 우리는 원죄를 통제할 수 없다. 우리가 하나님의 형상으로 창조되긴 했지만 그 형상은 왜곡되었다. 그 왜곡의 정도에 대해서는 이천 년에 걸친 기독교 사상사에서 제각각 다르게 해석되어왔다.

그렇다면 아우구스티누스가 어떻게 죄를 정의했는지 궁금할 것이다. 그에 따르면, 죄란 하나님께 등을 돌리고 다른 것에서 즐거움을 찾는 것을 일컫는다. 아우구스티누스를 통해 기독교의 삶에 대한 태도를 발견할 수 있을까? 그에 따르면, 인간은 하나님의 형상으로 만들어졌지만 죄의 속성으로 인해 하나님 없이는 불완전한 존재로 남게 된다. 죄는 인간의 자유가 낳은 결과이다. 하나님은 인간에게 자유의지를 선물로 주셨기 때문에 하나님께 등을 돌릴 수 있는 선택권이 있다. 이 선택권으로 죄를 낳을 수 있는데, 이는 곧 우리의 삶에서 하나님을 배척하는 것을 뜻한다.

훗날 지배적인 기독교 세계관으로 자리 잡은 아우구스티누스의 사상에 따르면, 원죄는 인간의 타락한 본성 때문에 죄를 짓고 싶어 하는 상태를 조성한다. 어떤 점에서 죄의 선택이 이미 예정되어 있는 셈이다. 즉 인간은 하나님을 영접하는 대신 그분께 등을 돌리는 방향을 선택하기 마련이다. 어쩌면 케케묵은 것처럼 보이고 심지어 그릇된 견해일지도 모르지만, 원죄의 교리야말로 기독교 신앙의 중심에 놓인 가르침이다. 특히 원죄는 그리스도의 구속사역에 대한 토대이다. 예수님의 구속사역이 우리의 원죄를 깨끗

이 씻어주기 때문이다. 우리의 타락한 본성이 하나님을 지향하는 쪽으로 변하는 것은 예수님의 구속사역을 통해 나타난 하나님의 은혜 때문이다. 이처럼 원죄의 교리는 악의 기원과 구원의 필요성을 설명해준다. 아울러 교회가 그리스도의 치유를 매개하는 중보자임을 상기시킨다. 하지만 유감스럽게도 이 교리가 한 가지 의문점은 풀지 못하고 있다. 왜 우리가 스스로를 하나님에게서 소외시키느냐는 점이다. 원죄의 교리는 인간이 개인적인 선택과 결정을 내리기도 전에 이미 악이 이 세계의 일부로 자리를 잡고 있었다는 결론에 이른다.

하지만 아담은 본래 하나님을 온전히 지향하도록 창조되지 않았는가. 그의 죄는 어디에서 온 것일까? 이런 의문점들 사이에 존재하는 긴장을 아우구스티누스는 해소하지 못했다. 인류의 조상이 왜 하나님의 뜻을 좇는 대신 등을 돌리기로 선택했는지, 이에 대한 충분한 설명을 찾을 수 없다. 하나님의 형상으로 창조된 인간은 당연히 하나님을 온전히 지향하는 존재이므로 이 점은 난감한 문제로 다가온다. 과거의 많은 신학자들은 아담과 하와의 첫 번째 죄를 교만이라고 생각했다. 이기적인 마음이 하나님과 같이 되려는 마음으로 변해 그 열매를 먹게 했다는 것이다. 죄는 우리 속에 있는 하나님의 형상을 망가뜨리지만 은혜는 우리를 치유한다. 중세 신학자들은 원죄를 통해 인간의 본성이 죄 때문에 손상되었다고 주장했다. 따라서 인간이 물려받은 본성은 본래 창조된 본성이 아니라 결함이 있는 본성이라는 것이다. 나아가 세례가 우리에게 은혜를 주입하고 손상된 본성을 치유해준다고 생각했다. 하지만 인간은 세례를 받고 나서도 비정상적인 욕망으로 인해 생긴 상처를 영원히 안고 살아간다.

정욕

우리는 원래 하나님이 의도하신 존재로 남아 있을까? 하나님의 모든 창조물이 그렇듯이 인간도 선하다. 완전히 선하시고 만물을 사랑하시는 하나님이 선한 창조물 이외에 무엇을 창조하시겠는가? 하나님은 우리를 선하게 창조하셨지만 우리의 원죄는 그 선함을 가려버렸다. 그 결과 왜곡된 인간은 물질세계와의 관계에서 종종 잘못된 길로 접어들곤 한다. 아우구스티누스는 인간이 물질세계나 다른 인간과의 관계에서 왜 왜곡된 욕망이나 정욕이나 정열을 품게 되었는지 설명한다. 먼저 아우구스티누스가 정욕이나 정열을 어떻게 정의하는지 살펴보자. 강한 욕망 내지는 정념concupiscence이란 주로 성적인 욕망을 가리키는 단어로서 죄나 악을 함축하기도 한다. 이때 정욕은 기쁨이 없는 강박적인 향유를 일컫는다. 정열은 통제력을 상실하게 만들기 때문에 모든 욕망은 위험하고 악하다는 게 아우구스티누스의 주장이다.

나는 정욕에 관해 가르칠 때 언제나 음식을 예로 든다. 주로 피자나 핫타말레(Hot Tamale, 멕시코 요리)를 언급한다. 나는 자칭 피자주의자다. 이게 무슨 뜻이냐면 매끼마다 피자를 먹을 수 있는 사람이라는 뜻이다. 이건 문제가 안 된다. 심각한 문제는 피자를 얼마나 먹느냐는 것이다. 절대 한두 조각으로 멈출 수는 없다. 서너 조각은 먹어야 한다. 솔직히 세 번째 조각부터는 더 이상 피자 맛도 느끼지 못하고 기계적으로 입속으로 밀어넣곤 한다. 더 이상 피자를 즐긴다고 할 수 없다. 실은 피자에 질렸음에도 불구하고 계속해서 먹는다. 핫타말레에 대해서도 똑같이 말할 수 있다. 한두 조각만 먹는 경우는 없다. 언제나 한 상자를 다 먹어치운다. 이처럼 기쁨이 없는 강박적인 경험을 아우구스티누스는 정욕이라고 부른 것이다.

아우구스티누스도 정욕을 논의하면서 음식을 언급한다. 《고백록》에 나오는 유명한 이야긴데, 십대 소년 아우구스티누스가 친구들과 함께 배나무에서 배를 훔치는 내용이다. 그들이 배를 훔친 이유는 과일이 필요해서가 아니었다. 사실 그 과일은 딱히 먹기 좋은 것도 아니었고 애초에 그들도 먹을 생각이 없었다. 그들은 행동 자체가 주는 즐거움 때문에 과일을 훔쳤던 것이다. 다시 말해 도둑질을 유발한 것은 사물에 대한 욕망이 아니라 훔치는 행동의 스릴이었다. 그 행동의 이유로 배를 탓하지도 않는다. 배는 그리 매력적이지 않았고, 결국 돼지의 먹이로 던져지고 말았다. 즉 우리를 유혹하는 것은 하나님의 피조물인 물질 자체가 아니다. 오히려 훔치는 행위가 야기하는 흥분이다.

이런 잘못된 욕망은 우리와 하나님의 관계에 걸림돌이 된다. 아우구스티누스가 말한 훔치는 행위의 흥분은 성적인 욕망에 그대로 적용될 수 있다. 이 책에서 말하는 것처럼 쇼핑에 관한 묘사일 수도 있다. 강박적인 쇼핑은 오늘날 미국에서 매우 보편적이다. 수많은 사람들이 그저 쇼핑을 위한 쇼핑을 한다. 다수의 사람들은 구입한 물건을 사용하지도 않는다. 그저 신상품을 구입하는 데 따르는 자극과 흥분에 유혹을 받는다. 물론 소비산업이 그렇게 느끼도록 유도하고 있는 것도 사실이다. 소비문화를 번창하게 하는 요소가 바로 그런 자극과 흥분이다. 결국 수많은 미국인들은 계속해서 돈을 쓰고, 쌓아놓을 곳이 없을 정도로 물건을 사들이는 바람에 엄청난 빚에 시달리고 있다. 모두가 쇼핑의 흥분 때문에 일어나고 있다.

강박적으로 쇼핑하는 사람들은 자신들이 구입하는 물건이 기분을 좋게 해주고 생활을 개선해줄 것이라 기대한다. 사실은 전혀 그렇지 않다. 쇼핑 중독자들은 쇼핑 행위에서 황홀감을 얻지만, 쇼핑에 들어간 비용과 빚을 알고 나면 '좌절감'을 느낀다고 한다. 강박적인 쇼핑은 알코올 중독이나 도박 중독과 같은 종류의 중독이다. 자신의 구매행위를 통제할 수 없는 이들은 구입한 물건을 사용하지도 않는다. 미국은 쇼핑 중독자를 양산하는 쇼핑의 천국이다. 온 국민이 쇼핑을 소일거리로 즐긴다. 내가 사는 상품, 입는 옷, 타는 자동차가 나를 표현하는 도구가 되고 말았다. 사람들은 돈을 쓰고 싶은 충동을 억제할 수 없는 지경에 이르렀고, 이 때문에 파괴적인 행동으로 치닫기도 한다. 그런 점에서 오늘날 미국에서 쇼핑에 대한 욕망은 정욕의 형태를 띠고 있다고 말할 수 있다.

아우구스티누스는 정욕의 파괴적인 순환을 끊는 방법은 평형상태를 되찾는 것이라고 주장한다. 물질 자체는 악하지도, 유혹적이지도 않다. 문제는 물건이 아니라 그것을 갖고 싶어 하는 인간의 잘못된 욕망이다. 자신이 구입해놓고도 물건을 사용하는 대신 구석에 던져놓는 일이 태반이다. 오늘날 소비주의는 아우구스티누스가 말한 일종의 정욕처럼 도무지 만족할 줄 모른다. 물건에 대한 욕망보다 더욱 매력적으로 다가오는 것이 쇼핑 행위 자체이다. 물건을 사들이고 싶은 정욕은 악순환을 불러일으키고, 거기에서 즐거움을 찾지 못한 사람들은 벗어나기 위해 몸부림친다. 하지만 이미 쇼핑은 삶을 지배하는 무의미한 행위가 되어 파괴적인 결과를 안겨줄 것이다.

소비주의를 조장하는 강박적인 욕망과 기독교 가치관 사이에는 한 가지 중요한 유사점이 있다. 양자 모두 물질적인 것은 궁극적으로 인간을 만족시킬 수 없다고 가르친다는 점이다. 소비주의는 끊임없이 우리를 유혹하고 새로운 제품을 선보임으로써 이미 갖고 있는 것에 만족하지 못하게 만든다. 이에 대해 기독교는 우리가 엉뚱한 곳에서 만족감을 찾고 있다면 그런 현상은 늘 따라다닐 것이라고 경고한다. 소비주의와 기독교 모두 사물이 우리의 욕구를 채워줄 수 없다고 말한다. 다만 소비주의는 물건보다 행위의 욕망에서 즐거움을 찾기 때문에 훨씬 더 변덕스럽다.

바울이 디모데에게 쓴 첫 편지는 물건에 대한 끊임없는 욕망이 얼마나 헛된 것인지 잘 지적한다.

> 우리가 세상에 아무것도 가지고 온 것이 없으매 또한 아무것도 가지고 가지 못하리니 우리가 먹을 것과 입을 것이 있은즉 족한 줄로 알 것이니라. 부하려 하는 자들은 시험과 올무와 여러 가지 어리석고 해로운 욕심에 떨어지나니 곧 사람으로 파멸과 멸망에 빠지게 하는 것이라. 돈을 사랑함이 일만 악의 뿌리가 되나니 이것을 탐내는 자들은 미혹을 받아 믿음에서 떠나 많은 근심으로써 자기를 찔렀도다(딤전 6:7-10).

바울의 주장대로 하면, 흔히 말하는 "가장 많은 장난감을 소유하고 죽은 사람이 이긴다"는 표어는 거짓말이다. 그리스도인에게 영원한 세계는 소유물이 없는 곳이다. 우리는 세상에 올 때 아무것도 갖고 오지 않았고 떠날 때도 마찬가지일 것이다.

바울의 편지는 우리에게 소비주의의 위험성을 경고한다. 우리는 무엇을 소유하고, 무엇을 소유하지 못했는지에 대한 강박에서 벗어나 진정한 가치를 지닌 것에 초점을 맞추어야 한다. 바울은 내가 앞에서 강조한 것과 마찬가지로, 물질에 대한 강박이 자신뿐 아니라 타인에게도 파괴적인 결과를 가져올 수 있다고 지적한다. 우리의 과도한 쇼핑으로 직접 영향을 받는 사람들은 우리와 가까운 사람들뿐 아니라, 우리가 소비하는 물품을 생산하느라 고생하는 정체불명의 노동자들까지 포괄한다. 돈을 사랑하는 것이 왜 '모든 악의 뿌리'일까. 그것은 물질을 우리 자신과 동료 인간과 하나님의 관계보다 우선시하게 만들기 때문이다.

과도한 쇼핑이 재정 파산 등의 위기와 몰락을 가져올 수 있음에도 불구하고 현재의 미국 문화에서는 이를 만류할 수 없다. 어쩌다가 감당할 수 없이 많은 물건을 구입하는 것을 정상으로 여기는 세상에 살게 되었는지 의아하기 짝이 없다. 사람들은 할인판매를 한다는 이유로 물건을 잔뜩 구입한다. 그들은 보통 신용카드를 이용하는데, 나중에 지불할 이자까지 계산하면 할인된 가격보다 더 비싸게 사는 셈이다. 그렇게 신용카드 빚이 생기면 최소한으로 갚고, 다시 빚을 이어가는 악순환이 계속된다. 잠언은 "빚진 자는 채주의 종"(잠 22:7)이라고 한다. 하지만 이 정도는 쇼핑 중독이라고 볼 수도 없다. 미국은 물론이고 전 세계에서 볼 수 있는 보편적인 사례일 뿐이다. 자신의 능력을 뛰어넘어 사는 일이 정상적인 것으로 되고 말았다.

> 돈으로 행복을 살 수 없다고 한 사람은 어디에서 쇼핑을 할지 몰랐을 뿐이다.
>
> 보 데릭

쇼핑자

이제 쇼핑이 쇼핑하는 사람에게 어떤 영향을 미치는지 다룰 차례다. 우리의 가치와 권위는 물질적인 것에서 오지 않는다. 성공은 우리가 버는 돈의 양으로 측정되지 않는다. 우리의 삶에서 참으로 귀중한 것들은 금전적 가치를 갖고 있는 것들이 아니다. 돈은 궁극적으로 우리가 원하는 진정한 만족감을 주지 못한다. 오히려 우리가 돈을 쓰는 방식은 우리가 자신을 얼마나 존중하는지 대변한다.

내가 처음으로 직장을 다닌 것은 14살 때였다. 동네 피자 가게에서 설거지를 하는 일이었는데, 나는 정말 그 일이 싫었다. 부모님의 수입이 넉넉했기 때문에 굳이 나까지 일할 필요도 없었다. 하지만 부모님은 내게 일을 하라고 격려하셨고, 덕분에 나는 돈을 존중하는 법을 배울 수 있었다. 특히 내 손으로 번 돈을 존중하게 되었다. 부모님이 주신 용돈을 쓰는 것보다 내가 접시를 닦아서 번 돈을 쓰는 것이 훨씬 어려웠다.

우리는 값싼 물건에 쉽게 유혹되는 성향이 있다. 원래 100달러짜리인 옷보다 200달러인데 100달러로 할인된 옷을 더 사고 싶어한다. 바겐세일을 겨냥한 그저그런 옷보다 언제나 100달러짜리 옷이 훨씬 품질이 좋은 걸 외면한다. 미국인들이 정말 열광하는 것이 바로 괜찮은 바겐세일이다. 괜찮은 바겐세일을 하는 대리

점이 있다면 거리에 구애를 받지 않고 그냥 달려간다. 사실 거기까지 가는 데 드는 연료비나 시간을 계산하면 할인된 가격보다 더 많이 지불하는 것일지도 모른다. 싼 게 비지떡이라는 충고도 좀처럼 받아들이지 않고 굳이 값싼 물건만 찾는다.

이런 습관은 옷에만 해당되는 것이 아니다. 나는 대학교 2학년 때 값싼 조립식 가구점 이케아에서 침대와 책장을 샀다. 가구를 사 와서 세 시간 동안 조립하면 그만이었다. 그해 말, 나는 외국에서 일 년을 보낼 계획이었기 때문에 그 침대와 책장을 처분해야 했다. 어떻게 했을까? 나는 누군가 그 가구들을 가져갈 수 있도록 당시 친구들과 함께 묵고 있던 집 바깥에 내놓았다. 싸구려 가구였기 때문에 다시 팔기 위해 애쓸 가치가 없었다. 성인이 된 후로 처음 마련한 침대지만 아무런 애착도 없었다. 이케아 상표가 말해주듯 싸구려 하얀 철제 침대일 뿐이다. 이와 반대로 여섯 살 때 부모님이 처음으로 사준 침대는 아직도 보관하고 있다.

값싼 물건이 넘치는 시대에 가스와 음식, 건강관리, 교육, 주택 등 생활에 필수불가결한 것이 계속 증가하는 것은 아이러니한 현상이다. 어쩌면 우리가 속고 있는 건 아닌가 싶기도 하다. 소비자 경제는 값싼 물건을 양산해서 생활비가 적게 드는 것처럼 보이지만, 실제로는 생활비가 기하급수적으로 증가하고 있다. 나는 특히 값싼 식품에 대해 염려하는 편이다. 값싼 식품은 값싼 노동력을 필요로 한다. 또 위생과 품질 관리 기준이 낮을 소지도 많다. 현재 미국에서 값싼 가공 식품은 놀랄 정도로 많이 소비되고 있는 실정이다.

나는 23살 때 석사학위 과정을 끝내고, 박사과정에 들어가는 대신 라틴 아메리카로 이주해 가난한 사람들과 함께 일하고 싶었다. 그것이 내 꿈이었다. 당시에 나는 라틴 아메리카의 해방신학에 크게 영향을 받았고, 그것은 지금까지도 이어지고 있다. 이 신학은 알다시피 가난한 자를 그리스도인의 신앙과 삶의 중심에 두는 신학이다. 라틴 아메리카의 해방신학자들은 하나님이 '가난한 자를 위한 우선적 선택'을 하신다고 주장한다. 그들은 또한 우리에게 가난한 자를 가장 우선시하라고 도전한다.

이 도전은 단지 세계적인 가난의 참상을 인정하라는 뜻이 아니다. 그것으로는 충분치 않다. 가난은 끔찍하다고 말하면서 글로벌한 가난의 실태에 놀라는 반응은 가난한 사람들에게 아무런 도움이 되지 않는다. 안젤리나 졸리, 브래드 피트, 위클레프 진, 보노 같은 인물들이 가난한 나라를 돕는 게 멋지다고 생각하거나, 가난한 사람을 위한 자선 음악회를 시청하는 것으로는 결코 충분치 않다. 나는 개인적으로 미국에서 자선 기부금과 소비 풍조를 연결시키는 현상이 마음에 걸린다. 남에게 베풀 때도 물건을 구입할 필요가 있다는 것은 곤란하지 않을까?

우리는 안일하게도 이 세상에 악이 존재한다고 인정하는 정도에 그칠 때가 많다. 이것으로는 충분치 않다. 사실 기대수준에 훨씬 못 미치는 반응이다. 라틴 아메리카의 해방신학자들은 우리에게 가난한 자와 연대하기 위해 구체적인 행동을 하라고 도전한다. 뭔가를 행할 필요가 있다는 것이다. 심지어 무슨 행동이든 하지 않으면 진정한 그리스도인이 아니라고까지 한다. 좋은 그리스도인이 된다는 것은 정기적으로 교회에 가고 기도하는 것을 뜻하지 않는다. 물론 라틴 아메리카 해방신학의 중심에도 하나님과의 개인적인 관계나 공동체 영성을 도모하는 경우가 있지만, 이것으로 충분한 것은 아니다. 진정한 그리스도인은 가난한 자와 연대하여 구체적으로 사회정의를 도모해야 한다. 만일 우리가 그런 활동에 관여하지 않으면 참된 그리스도인답게 살지 않는 것이다.

나는 라틴 아메리카의 해방신학에 초점을 둔 과목도 가르치고 있다. 그 수업에서 학생들이 반응하는 것을 보고 나는 항상 놀라곤 한다. 많은 학생들이 기독교 전통 속에 가난한 자와 연대해 행동하라는 도전의 목소리가 강력하다는 점을 발견하고 놀라며 기뻐한다. 그들은 해방신학이 강조하는 성경의 가르침에 크게 공감한다. 그래서 성경의 부자에 대한 정죄와 가난한 자를 위한 우선적 선택에 고개를 끄덕이며 기독교는 마땅히 그래야 한다고 동의한다. 우리는 하나님이 억압당하는 자와 연대하심을 보여주는 출애굽 이야기를 읽을 때면 히브리 노예들에게 박수를 보낸다. 하지만 자신이 바로 그 이야기 속 이집트인이라는 점은 미처 깨닫지 못한다. 가난한 자를 돌아보는 종교를 원하면서도 정작 자신은 그런 식으로 살지 못하는 것이다. 아울러 자신이 부유한 사람이라는 점도 인정하기를 꺼린다.

나는 학생들도 부유하다고 생각한다. 그들은 에어컨이 달린 강의실에 앉아서 공부할 게 너무 많다고 불평하기 때문이다. 자신들이 받는 교육이 특권이자 선물인 것을 깨닫지 못한다. 그들의 또래 가운데는 대학 교육을 받고 싶어도 받지 못하는 경우가 적지 않다. 그래서 비교적 빈곤한 노동자 계층에 속한 학생들이 더 진지하게 공부하는 것은 놀랄 일이 아니다. 내 학생 중에 나이보다 성숙한 여학생이 있었는데, 몇몇 친구들 앞에서 경제적으로 힘든 사정을 솔직히 털어놓았다. 자정부터 아침 8시까지 일하고 난 뒤, 집에서 샤워만 하고 와서 9시 강의를 듣는다는 것이었다. 학기가 끝날 때쯤에는 일자리를 잃었는데 이렇게 말했다. "전 이제 빈털터리가 되었지만 가난하지 않아요. 전 여전히 대학에서 공부하니까요." 이 말은 늘 자신이 "가난하다"고 불평하던 중산층 학생들에게 상당한 충격을 주었다.

내가 학생들을 부유하다고 하는 이유는 또 있다. 그들은 현재 영위하는 삶이나 장차 영위하게 될 삶이 세계의 가난과 결부되어 있다는 사실을 전혀 모르고 있다. 그런 사실을 알고 있다 해도 자신이 거기에 연루되어 있다고 생각하는 경우는 드물다. 여러 면에서 그들은 나사로와 부자의 비유를 연상시킨다. 부자의 죄는 가난의 현실에 눈을 감은 것이다. 날마다 나사로를 지나쳤지만 그를 제대로 쳐다본 적이 한 번도 없었다. 부자에게는 가난한 자의 존재가 대수롭지 않기 때문이다. 내가 가르치는 많은 학생들과 고등교육을 받은 대다수의 사람들도 마찬가지다. 그들은 가난한 자와 연대하고 있다고 주장하고 그것을 자랑스러워하지만, 일상적인 습관에서는 전혀 연대감을 반영하지 않는다. 자신을 세계의 가난한 현실에 결부시키지 못한다. 그러나 우리가 인정하든 말든, 미국은 전 세계 가난한 자들의 부러진 등 위에 세워진 글로벌한 소비주의에 기여하고 있다. 물론 일상적인 삶에서 구조적인 문제로 도약하는 것은 무척 어렵다. 그래서 직접 가난한 자를 '억압하지' 않는 이상 책임이 없다고 생각하기 쉽다. 하지만 일상적인 삶이 사회구조의 토대를 이루는 법이다.

쇼핑은 죄악인가?

이제 "그렇다면 쇼핑은 죄악인가?"라는 질문을 던질 때가 되었다. 간단히 말해서 그렇지 않다. 쇼핑은 죄가 아니다. 쇼핑을 하지 않을 수는 없다. 쇼핑을 그만두면 삶을 유지시켜 주는 생활필수품을 구할 수 없기 때문이다. 하지만 쇼핑이 우리의 삶을 지배하도록 내버려두어, 쇼핑이 우리의 정체성과 세계와의 관계를 규정짓기 시작하면, 그것은 잘못된 가치관을 드러내는 지표일 수 있다.

언제부터 선을 넘어 쇼핑에 지나친 중요성을 부여하기 시작했는지 파악하는 일은 굉장히 어렵다. 이 문제에는 쉬운 해답이나 만병통치약이 없다. 이 책은 쇼핑 습관을 염려하는 사람들을 위한 위기 극복 안내서가 아니다. 이 책이 답하고자 하는 질문은 다음 두 가지다. 즉흥적인 쇼핑은 모두 죄악인가? 그렇지 않다면 언제 쇼핑이 죄악이 되는가?

가톨릭 경제학자 존 라이언(1869-1945)은 여분의 재물은 이웃에 대한 책임에 반하는 것이라고 주장했다. 그렇다고 가난을 옹호한 것은 아니다. 안락한 삶을 영위하되 무절제한 삶을 살아서는 안 된다고 했다. 라이언은 자본주의 체제 내에서 가장 소외된 계층을 위해 권력과 부를 재분배해야 한다고 주장하기도 했다. 라이언은 편안한 삶을 살고 싶어 하는 인간의 욕구에 동의했다. 하지만 남는 재물은 가난한 자를 위해 써야 한다고 했다. 라이언의 주장은 오늘날의 관점에서는 너무 이상적이고 비현실적으로 비칠 것이다. 정말 그럴까? 물품 구입에 돈을 아끼고 일부를 자선 사업에 기부하는 일이 정말 상상조차 할 수 없는 어려운 일인가? 굳이 돈에 국한시킬 필요는 없다. 우리의 시간도 귀중한 자산이다. 쇼핑하는 데 얼마나 시간을 투자하는가? 그 시간을 절약해 자원봉사, 지역봉사, 교회 사역에 참여하는 게 그렇게 비현실적인 이상인가?

가난한 자들과의 연대는 바른 가치관에서 나온다. 바울은 갈라디아서에서 이렇게 쓴다. "[그들은] 다만 우리에게 가난한 자들을 기억하도록 부탁하였으니 이것은 나도 본래부터 힘써 행하여왔노라"(갈 2:10). 바울은 가난한 자에 대한 헌신이 타인을 향한 능동적인 의무감에서 나오는 것임을 보여준다. 이웃에게 느끼는 책임감은 억지로 짜낼 수 있는 것이 아니다. 그것은 하나님에 대한 사랑의 표현으로서 이웃에 대한 사랑이다. 인간은 자유의지를 선물로 받은 피조물이다. 그래서 이웃을 사랑하는 것은 스스로 선택하는 것이지, 억지로 강요할 수 있는 일이 아니다. 스스로 선택해서 하나님께 마음을 여는 것과 마찬가지다.

기독교 세계관에 따르면, 모든 창조세계는 하나님의 영광을 반영한다. 아우구스티누스에 의하면, 인간은 피조물을 이용하되 오직 하나님만 즐거워해야 한다. 하지만 물질세계에 사로잡힐 수 있는 위험이 너무도 크다. 아우구스티누스는 부패하고 죄악된 것은 사물이 아니라, 사물에 집착하는 인간의 불건전한 애착이라고 했다. 즉 물질세계의 유혹은 도무지 채울 수 없는 욕망 내지 정욕으로 둔갑하곤 한다. 이를 쇼핑에 적용시키면, 쇼핑은 곧잘 쇼핑을 위한 쇼핑으로 둔갑해 정욕을 드러내곤 한다. 우리는 이미 소유한 것에 만족하지 못하고 이 물건에서 저 물건으로 정신없이 움직인다. 문제는 우리가 구입하는 물건이 아니라 구입하는 행위 자체다. 아우구스티누스가 비판하는 정욕의 문제점은 이 책의 첫 장에서 다룬 미국의 소비주의를 정확히 겨냥한 듯하다. 현재 미국에서 쇼핑을 위한 쇼핑은 특이할 것도 없는 경향이 되었다.

쇼핑에 강박적으로 몰두하게 되면 결국 쇼핑이 우리 삶의 중심을 차지하게 된다. 시간과 에너지를 소비 행위에 집중적으로 투자한다. 그렇게 되면 다른 일들을 소홀히 할 수밖에 없다. 예수님은 자신을 따르려면 물질을 멀리해야 한다고 말씀하셨다. 즉 우리는 하나님과 돈을 동시에 섬길 수 없다. 만일 우리의 삶이 돈으로 채색되고, 소유물을 타인의 가치를 평가하는 기준으로 삼는다면, 우리는 결코 그리스도인다운 삶을 살 수 없을 것이다. 이것은 번영신학이 주장하는 것과 완전히 상반된다. 은혜는 소유물의 양에 있지 않고 가진 것을 사용하는 방법에 있다. 다시 말해 재물을 소유하고 있는 사람들에게조차, 재물은 하나님의 은총을 받았다는 징표는 아니다. 오히려 우리가 재물을 갖고 무엇을 하느냐가 진정한 기독교 가치관을 반영한다.

기독교 가치관에서 보면, 물질주의에 지배당하는 인생은 창조주의 설계에 따라 사는 삶이 아니다. 아우구스티누스는《고백록》에서 '평안이 없는 삶'을 이렇게 묘사한다. 만일 하나님과의 관계 이외의 것이 우리 삶을 지배하게 되면, 우리는 언제나 불만족스럽고 부족한 상태로 남을 것이다. 우리의 욕망이 엉뚱한 방향을 향하고 있기 때문에 이런 불만족에서 저런 불만족으로 계속 표류하는 것이다. 우리의 욕망을 창조 때 설계대로 하나님을 향해 겨냥할 때 비로소 진정한 만족을 찾게 된다.

앞에서 언급한 〈오프라 윈프리 쇼〉에 출연한 가정 중에 기억에

남는 부부가 있다. 이들은 특히나 사재기에 능했다. 선호하는 특정 품목을 헤아릴 수 없을 만큼 많이 사들였다. 물론 대부분 할인판매나 쿠폰을 사용해 값싸게 구입한 것들이다. 쇼핑을 담당한 아내는 세일하는 곳을 찾아다니고 쿠폰을 수집하느라 수많은 시간과 에너지를 투자했다고 한다. 이 일로 자신의 삶을 소진하다시피 했을 정도라고 했다. 이들의 창고에는 열 가정이 일 년쯤 먹고 살 수 있을 만큼의 식료품이 쌓여 있었다. 저절로 다음과 같은 성경 말씀이 생각났다. "너희를 위하여 보물을 땅에 쌓아두지 말라. 거기는 좀과 동록이 해하며 도둑이 구멍을 뚫고 도둑질하느니라. 오직 너희를 위하여 보물을 하늘에 쌓아두라. 거기는 좀이나 동록이 해하지 못하며 도둑이 구멍을 뚫지도 못하고 도둑질도 못하느니라. 네 보물이 있는 그곳에는 네 마음도 있느니라"(마 6:19-21).

미국에는 가장 많은 물건을 안고 죽는 사람이 승자라는 속담이 있다. 하지만 마태복음의 말씀은 이와 정반대다. 성경은 우리에게 소유물을 축적하는 데 인생을 소모하지 말라고 한다. 그러면 물건을 비축하고 보존하는 일이 우리 삶을 지배하기 때문이다. 물론 쿠폰을 모으고, 바겐세일을 이용하고, 할인판매를 눈여겨보는 것을 비판하자는 것은 아니다. 다만 이런 행위가 생활방식으로 굳어 쇼핑과 사재기가 반복되고 점점 더 많은 물건을 쌓아두는 악순환이 위험함을 지적하고 싶을 뿐이다.

나도 물건을 많이 쌓아두고 있다. 그렇지 않다면 거짓말이다.

하지만 항상 이런 식은 아니었다. 한때는 여행용 가방 두 개에 들어가는 옷과 책만으로 살기도 했다. 당시 나는 과테말라에 살았는데, 내게 물건을 사라고 유혹하던 텔레비전 광고 방송을 똑똑히 기억한다. 나는 살 수가 없었다. 내가 살던 동네에는 쇼핑몰이나 백화점이 전혀 없고 도시에 나가려면 두 시간이나 걸렸기 때문이다. 아무것도 구입할 수 없을 때 느꼈던 안도감을 어떻게 묘사해야 할지 모르겠다. 사고 싶은 욕망이 있어도, 살 수 있는 것이 거의 없어 정말 편안했다.

당시 과테말라의 상황은 오늘날 미국의 상황과는 완전히 달랐다. 지금은 인터넷이 쇼핑을 혁명적으로 변화시켰다. 돈과 접근성(컴퓨터와 믿을 만한 배달회사)만 있으면 세상에 있는 거의 모든 것을 집으로 배달시킬 수 있는 시대다. 우리가 할 일은 주소를 입력하고 클릭하는 것뿐이다. 아무래도 쇼핑이 너무 쉬워져서 물건을 더 많이 사들이게 된 것인지도 모른다.

이런 상황이 아우구스티누스가 말한 욕구, 즉 정욕을 불러일으키고 있다. 쇼핑할 수 있기 때문에 쇼핑을 하지만, 그러면서도 쇼핑을 제대로 즐기지 못한다. 기술 혁명이 인간 관계에 또 하나의 걸림돌을 창출하기도 했다. 이제 쇼핑은 완전히 비인격적인 행위가 되고 만 것이다. 1980년대 초, 내가 어렸을 때는 부모님과 함께 인격적인 쇼핑을 했다. 아직도 생생히 기억하고 있는데, 우리는 동네 잡화점에 가서 외상으로 물건을 사곤 했다. 당시만 해도 서로를 믿고 한 달에 한 번씩 몰아서 집집마다 정산을 했던 것이다. 가게 주인은 우리 가족에 관해 샅샅이 알고 있었다. 공구 상점에 가면, 그 가게 주인도 우리 가족의 이름은 물론, 집안 사정까지 환하게 꿰뚫고 있었다. 어머니가 옷을 사러 가는 일은 쇼핑 동료를 만나 함께하는 일종의 정기 행사였다. 당시 쇼핑은 개인적인 교류가 이루어지는 인격적인 관계였던 것이다. 장난감 가게 주인은 우리가 갖고 있는 장난감을 전부 알고 있었는데, 어린 시절 내내 우리가 자라는 걸 지켜보며 그때그때 필요한 걸 부모님께 권해주었기 때문이다. 또 나는 독서를 좋아해서 정기적으로 서점에 갔는데, 한참 책들을 훑어보면서 이번 주에 읽을 책을 고르느라 고심했었다. 하지만 부모님도, 나도 사람들의 관심을 끌기 위해 큰돈을 써본 적은 없었다. 당시의 쇼핑은 그럴 필요가 없었기 때문이다.

인생에는 분명 모든 것을 소유하는 것 이상의 의미가 있다.

모리스 센닥

오늘날 쇼핑은 어떻게 이뤄질까? 나는 더 이상 동네 잡화점이나 공구점이나 장난감 가게에 가지 않는다. 부모님은 여전히 같은 동네에 살고 계시고, 나도 근처 가까운 곳에 살지만, 예전 가게들은 모두 문을 닫았다. 대신 자동차로 20분쯤 걸리는 곳에 대형 마트가 생겼다. 대형 마트까지 굳이 갈 필요도 없다. 인터넷으로 주문하면 된다. 그것도 무료 배달에 세금도 전혀 없다. 게다가 요즘 누가 시간을 내 서점에서 책을 훑어보겠는가? 온라인으로 구입하는 편이 더 싸기도 하고, 무슨 책을 살지 모를 때는 개인적으로 모르고 만나본 적도 없는 수많은 사람들의 서평을 읽어볼 수도 있다. 장난감 가게는 어떨까? 가격을 비교해주는 사이트에 물어봐야 하니 역시 인터넷이 필수다. 나는 오늘날 기술 환경을 탓하려는 것은 아니다. 가격 비교 사이트는 소비자 교육에 유용하고, 인터넷은 우리에게 더 많은 정보를 제공해준다는 점에서 바람직하다.

하지만 기술 환경은 물리적으로 떨어져 있는 세계를 온전히 묶어주지 못한다. 간혹 거짓된 친밀감을 주기도 하지만 물리적으로 친밀하게 교류하는 일을 대체할 수는 없다. 나는 페이스북에 가입하지 않았고 그럴 생각도 없다. 그래서 친구들과 학생들에게 자주 불평을 듣는 편이다. 심지어 기술 혁신에 반대하는 파괴주의자Luddite라는 말까지 듣는다. 하지만 이 표현은 나같이 (쓸 돈을 벌기 위해 열심히 일하느라) 온라인으로 쇼핑해야 하는 사람에게는 결코 적당하지 않다. 내가 페이스북에서 가장 못마땅히 여기는 것은 '친구' 개념이다. 사람들은 낯선 이들을 '친구'로 삼아 메시지를 보내고 사진도 보여준다. 직접 만난 적도 없고 그럴 생각도 없는 대상인데도 말이다. 나이가 나이인 만큼 나는 '친구'라는 단어를 조심스럽게 사용하는 편이다. 주변에 아는 사람은 많이 있지만, 만일 누가 친구냐고 묻는다면, 열 명 남짓 손꼽을 수 있다. 페이스북에 가입만 하면 '친구'가 수백 명으로 늘어나리라. 나는 인터넷의 소셜 네트워크를 비판하는 것은 아니다. 다만 기술 혁신이 대체할 수 없고 대체해서도 안 되는 인간관계의 친밀감을 인위적으로 조성하는 점을 지적하고 싶다. 이 점에서 인터넷은 친밀함까지 비인간화시키고 있는 셈이다. 쇼핑의 경우도 마찬가지다. 미국인들은 물건을 만들고 생산하는 사람들뿐 아니라 물건을 판매하는 사람들로부터도 멀리 떨어져 있기 때문이다.

쇼핑은 먹고 마시는 것처럼 그 자체로 죄악은 아니다. 죄는 하나님으로부터 소외되는 것이다. 건전하지 못한 일상 행위로 삶을 소모해버림으로써 인생에서 소중한 것들이 방해받고 있지 않은지 잘 살펴보고 자신의 가치관을 재평가할 필요가 있다. 하나님으로부터의 소외는 하나님과 자신만의 개인적인 관계로 국한되는 것은 아니다. 앞에서 언급한 성경 구절들을 통해 볼 수 있듯이, 개인이 이웃과 맺는 관계가 하나님에 대한 사랑을 반영한다. 이 둘은 불가분의 관계에 있다. 이 세계에 살고 있는 우리가 하나님의 창조세계를 대하는 방식도 우리와 하나님의 관계를 보여주는 징표이다. 우리가 이 세상에 존재하는 방식, 즉 우리의 일상 습관이 우리의 내적 가치관을 반영한다. 그렇다면 외적 상태는 어떨까? 책을 판단할 때 표지를 보지 않을 수 있을까? 외모와 가치의 상관관계는 무엇인가?

패션과 성육신

이미 눈치를 챘겠지만 나는 패션에 관해 모순된 감정을 품고 있다. 나는 내가 패션을 좋아한다는 사실을 싫어한다. 물론 패션 산업이 전형적인 자본주의 첨병으로서, 계절이 바뀔 때마다 옷장에 가득한 옷들을 구식으로 전락시키고 완전한 외모 개조만이 유행에 뒤떨어지지 않는 길이라고 강변한다는 사실을 잘 안다. 게다가 끊임없이 나를 유혹할 방법을 모색하고 있다는 점도 알고 있다. 대형 의류매장들은 지점마다 제각각 고객의 구매 습관에 맞추어 옷을 진열한다는 것도 알게 되었다. 온라인 판매상들은 내 구매 내력을 입수하고 그와 비슷한 제의를 이메일로 보내고 있다. 사방에서 소비자를 감시하는 중이다. 그럼에도 나는 아름다운 옷은 하나의 예술품이라고 믿는다. 패션을 예술로 이해한다. 아울러 외모에 대한 관심이 내 삶에 긍정적으로든 부정적으로든 영향을 미친다는 점도 잘 인식하고 있다. 패션 관련 프로그램에서 자주 등장하는 소재처럼, 시련을 겪고 난 사람이 옷차림과 머리 모양에 변화를 줌으로써 새로 태어난 듯 활기를 얻을 수 있다는 데 공감하기도 한다.

나는 외모에 관심이 많은 편이다. 이 점은 때로 경력에 큰 보탬이 된다. 학생들은 최신 유행에 따른 내 옷차림에 호감을 느끼고 선뜻 의상에 대해 물어보며 내게 쉽게 접근할 수 있다. 최악의 옷차림으로 악명 높은 대학 교수진 가운데 나는 제법 세련된 인물로 꼽히고 있다. 동료들도 가끔 뭐 하러 정장을 입고 다니느냐고 묻는데, 그건 내가 정장을 좋아하기 때문이다(어린 시절에는 머리 장식도 마다하는 말괄량이였다). 내가 정장을 하는 또 다른 이유는 학생들에게 '전문인'답게 보이고 싶기 때문이다. 가르치는 일도 어쨌든 하나의 직업이기 때문이다. 내 옷차림은 학자가 아닌 사람들과 만날 때도 도움이 된다.

물론 패션에 대한 관심이 부정적인 영향을 미칠 때도 있다. 외모에 신경 쓰는 여자는 지적으로 모자라는 경박한 사람이라는 편견이 존재한다. 자신의 외모에 관심을 쏟는 여자는 다른 것에 개의치 않는 무신경한 사람으로 치부된다. 외모에 대한 관심은 곧 내면에 대한 무관심을 뜻한다는 것이 우리의 고정관념이다. 그래서 여성도 일터에서 남의 인정을 받기 위해 '남성처럼' 옷을 입는 게 낫다는 견해가 널리 퍼져 있다. 사실 초기 페미니스트 운동이 이런 사고방식을 갖고 있었다. 남성 중심의 세계에서 살아남으려면 여성다움을 가려야 한다고 생각한 것이다.

패션에 대한 관심을 비판하는 성경의 목소리는 디모데전서에서 찾을 수 있다. "또 이와 같이 여자들도 단정하게 옷을 입으며 소박함과 정절로써 자기를 단장하고, 땋은 머리와 금이나 진주나 값진 옷으로 하지 말고 오직 선행으로 하기를 원하노라. 이것이 하나님을 경외한다 하는 자들에게 마땅한 것이니라"(딤전 2:9-10). 나 같은 사람에게는 그다지 달갑게 들리지 않는 구절임을 시인하는 바이다. 내가 좋아하는 패션에 대해 비판적일 뿐 아니라 여성의 사도적 권위를 거부하는 내용이 이어지기 때문이다. 이 구절은 당대의 시대상황에 비추어 해석할 필요가 있다. 바울의 비판은 당시에 교회 리더십에 도전하던 사람들을 겨냥한 것이었다. 따라서 디모데전서의 구절을 모든 시대 여성의 행위에 적용할 수 있는 규정으로 해석해서는 안 된다. 당대의 특수한 문화 인식을 주제로 다루는 성경의 가르침(이 경우에는 옷차림)은 기록된 상황에 비추어 읽고 해석하는 게 필요하다.

쇼핑과 몸 많은 여성은 외모에 대한 관심을 부정적으로 보는 고정관념은 물론, 몸을 성적 도구로 여기는 풍조에서 옷이 담당하는 역할로 씨름하고 있다. 옷은 몸을 가리는 것이지만 동시에 노출을 허용하는 도구이기도 하다. 그리스도인은 몸의 문제, 특히 여성의 몸과 관련해 지극히 왜곡되고 위선적이며 성차별적인 풍조에서 살고 있다. 성육신을 기념하는 기독교조차 오랜 세월 인간의 몸은 하나님과의 관계를 방해하는 것이라고 여겼다. 여성의 몸은 역사적으로 제사장 직분의 걸림돌로 간주되었고, 아우구스티누스 같은 신학자들은 여성도 하나님의 형상을 반영할 수 있는지 진지하게 의심했다. 모든 여성을 모성으로 환원시키든, 성적 유혹의 대상으로 환원시키든, 기독교 전통은 몸에 대한 건강한 이해를 도모하지 않는다고 볼 수 있다.

하지만 페미니스트 신학자들은 인간의 몸은 하나님과의 관계를 표현하는 장소라고 믿는다. 몸의 가치를 회복하는 일은 사실 페미니스트 신학의 주요 과제 중 하나이다. 여성의 몸은 신학적 성찰의 초점이 될 때 성적 능력으로 환원되는 경향이 있다. 그래서 생물학적 재생산의 도구인 모성으로 강조되거나, 아니면 성적 유혹을 불러일으키는 대상으로 강조되었다. 페미니스트들은 이런 이분법을 극복하고 여성의 몸이 하나님의 형상을 반영하며, 우리와 하나님의 관계를 표현하는 도구로 강조되길 바라는 것이다.

최근의 대중문화에서 제니퍼 로페즈만큼 몸으로 주목을 받은 연예인도 없을 것이다. 같은 라틴계이고 쇼핑을 사랑하는 나로서는 여성의 몸, 특히 '엉덩이'에 관심이 집중되는 현상이 무척 흥미로웠다. 로페즈가 처음 무대에 등장했을 때부터 사람들은 온통 그 엉덩이만 언급하는 듯했다. 춤이나 연기나 노래 같은 재능보다 순전히 육체와 몸이 부각된 것이다. 누구나 제니퍼 로페즈의 몸에 관해 언급할 때면 그 엉덩이가 대화의 중심이 되었다.

로페즈의 몸은 라틴계 여성의 성과 몸이 구성되고 소비되는 일종의 공적인 장소 같았다. 처음 등장한 1990년대 중반보다 더 날씬해지고 머리색은 더 진해졌지만, 여전히 제니퍼 로페즈의 성공은 몸을 기반으로 한다. 기존 할리우드의 이상적 신체유형을 부정하고 엉덩이를 공개적으로 드러냄으로써 유명세를 얻은 것이다.

로페즈가 미국 여성의 평균보다 키가 작다는 사실에 비추어보면, '정상적인' 라틴계 여성을 대표하는 그녀의 '큰' 엉덩이에 사람들이 환호하는 것은 약간 우습기도 하다. 유명세가 커질수록 엉덩이가 점점 작아지고 있는 것으로 보아, 그녀가 그 곡선미에 언제나 편한 것은 아니라는 점도 분명하다. 어쨌든 몸과 엉덩이에 환호를 보내는 것은 당당한 행동이다. 엉덩이를 전면에 내세워 은밀한 사악함을 떨쳐냈기 때문이다. 물론 몸을 성적인 도구로 삼으면 안 되겠지만 말이다.

성육신 패션의 기본은 몸을 칭송하는 것이다. 조금 이상하게 들리겠지만 이런 태도는 기독교 신앙의 기본이기도 하다. 바로 성육신이 그것이다. 성육신에 관한 논의를 시작한 사람은 기원후 2세기 최초의 기독교 신학자로 알려진 리옹의 이레나이우스 Irenaeus of Lyons다. 140-160년경에 태어난 이레나이우스는 영지주의(초기 기독교에서 이단으로 정죄받은 분파)에 대한 반론으로 잘 알려져 있다. 당연히 그의 글은 논쟁의 성격을 띠고 있다.

이레나이우스 신학의 주 관심사는 모든 인간을 구원하고자 하는 하나님의 소원 혹은 보편적인 구원의 의지 문제였다. 이레나이우스가 묘사한 인간은, 하나님의 닮은꼴likeness로 창조되었으나 타락으로 뭔가를 잃어버린 존재다. 예수님은 하나님의 아들로서 그 형상의 원형에 해당하는데, 성육신을 통해 그것이 인간에게 드러났다. 인간은 닮은꼴을 잃어버렸지만 성육신을 통해 회복한 것이다. 이레나이우스의 닮은꼴 개념은 무척 역동적이다. 그는 닮은꼴이 인간의 행위와도 관련이 있다고 본다. 구원론에 닿아 있는 개념이다. 또 이레나이우스는 유사성similitude을 논하는데, 우리가 하나님과 비슷하다는 것이다. 형상image과 유사성은 인간의 본성을 드러내고, 닮은꼴은 인간과 하나님의 관계를 가리키는 구원론적 개념이다.

이레나이우스는 하나님의 아들이 아버지와 늘 함께했음을 반박하지 않는다. 하지만 중요한 것은 구원사에서 성육신의 역할과, 성육신이 하나님의 형상과 닮은꼴인 인간에게 갖는 함의이다. 그리스도의 성육신은 인간들이 스스로 죄의 문제를 해결할 수 없어서 필요했던 사건이다. 인간은 그리스도를 필요로 했다. 이레나이우스의 신학에서 그리스도가 인간을 구원하는 방식은 순종과 연관되어 있다. 즉 예수님의 순종이 아담과 하와의 불순종을 폐기처분했다. 이처럼 성육신은 인간 역사의 핵심에 해당한다.

이레나이우스에 따르면, 하나님의 형상은 인간의 몸과 영혼을 가리키고, 닮은꼴은 인간 안에 있는 하나님의 은혜를 칭한다. 타락 전에는 아담과 하와도 하나님의 형상을 보유했으며 영적으로 하나님의 자녀였다. 그들은 영적으로 성숙한 수준에 이르게 되어 있었다. 하지만 죄를 범함으로써 그들은 하나님의 영을 잃어버렸고 하나님과 닮은꼴도 상실했다. 그리스도는 인간과 하나님의 교제를 회복시킴으로써 인간의 영을 회복하셨다. 인간의 구원은 아담 안에서 잃어버린 것, 즉 하나님의 형상과 닮은꼴을 그리스도를 통해 회복하는 것이다. 하나님의 아들은 하나님의 형상을 반영하기 때문에 우리는 그 아들의 형상이다. 성육신이 있기 전에는 하나님의 형상이 눈에 보이지 않았다. 하지만 예수 그리스도는 보이지 않는 하나님을 보이게 하는 분이다.

하나님과 패션 그런데 2세기에 논의된 신학 용어들이 패션이나 몸과 무슨 관계가 있을까? 내가 이레나이우스를 언급하는 이유는 기독교 초기 역사에서 예수님의 몸이 얼마나 중요한지 보여주는 본보기이기 때문이다. 예수님은 인간의 몸을 입고 오심으로 구원을 이루셨다. 예수님의 몸이 인간 구원에 꼭 필요했던 것이다. 예수님의 몸이 우리의 구원에 꼭 필요하다면, 우리의 몸도 마찬가지다. 인간은 몸이 있음에도 불구하고 구원을 받는 게 아니라, 몸을 통하여 구원을 받는다. 몸은 하나님의 창조물인 만큼 선하다.

이 점이 중요하다. 몸은 구원을 방해하는 걸림돌이 아니다. 하지만 그렇게 이해하는 사람들이 너무 많다. 그리스도인은 몸에 관해 사랑과 미움을 동시에 느낀다. 한편으로는 몸이 중요하고 선하다는 것을 인정하면서도, 다른 한편으로는 몸과 영혼을 대비한다. 몸을 유혹의 근원으로 묘사하기도 한다. 몸에 너무 관심을 두거나 초점을 맞추거나 무엇을 걸칠지 너무 염려하면 거룩함이 위태롭게 되기 때문에 그래서는 안 된다고 생각한다. 몸에 지나치게 몰두하지 말라는 아우구스티누스의 경고를 몸 자체가 문제라는 식으로 받아들인 것이다.

그러나 아우구스티누스는 몸 자체를 비난한 적이 없다. 그는 몸과 관련된 모든 것을 부적절하게 강조하는 행태를 염려했을 뿐이다. 흔히 거룩함이란 곧 육체의 부정이라고 생각한다. 그래서 자기 몸에 관심을 두면 '중요한' 것을 소홀히 하는 것이라고 여긴다. 거룩하고 '지적인' 사람은 자신의 몸과 외모에 큰 신경을 쓰지 않는다고 생각한다. 이런 태도는 인간의 몸이 선한 창조물이고, 그리스도가 바로 인간의 몸으로 성육하셨다는 기독교의 믿음과 조화를 이루지 못한다.

여성의 치장을 비난하는 목소리에는 보통 소박한 옷을 장려하려는 목적이 담겨 있다. 즉 기독교와 몸의 관계는 옷과 패션에 대한 입장으로도 나타난다. 그러므로 기독교와 패션은 밀접한 관계를 갖고 있다고 볼 수 있다. 그렇지 않다면 성직자 복장이 화제가 될 이유가 없다. 기독교 세계관에서 패션은 무시할 만한 것이 아니다. 심지어 기독교의 패션도 독자적으로 존재한다. 우리는 의복이 기독교의 신분과 권위를 표현하는 도구임을 안다. 이는 성직자들의 복장에서 쉽게 확인할 수 있다. 기독교 일부 교

> 분수에 맞게 사는 사람은 상상력의 부족에 시달리기 마련이다.
>
> 오스카 와일드

파에서는 특정 색채에 의례를 부여하기도 한다. 중산층 이상 교구에서 재직하는 성직자들은 주로 제의를 입는데, 자수와 장식이 달려 있는 매우 섬세하고 정교한 옷이다. 또 독특한 칼라 모양은 다양한 문화 속에서 기독교 권위를 상징하고 있다. 패션과 권위를 연계시키는 종교는 기독교만으로 국한되지 않는다. 의복은 모든 종교의 제의에서 중요한 역할을 한다.

어렸을 때는 주일 아침마다 일찍 일어나서 좋은 옷을 차려입고 교회에 가는 것이 싫었다. 괜히 쓸데없이 들볶이는 것 같았다. 어린 나이였지만 하나님은 내가 무슨 옷을 입든지 상관하지 않으시는 만큼 외모는 중요하지 않다고 머릿속으로 따지곤 했다. 왜 사람들이 교회에 가려고 '정장을 차려입는지' 정말 이해할 수 없었다. 거기 담긴 의미를 몰랐기 때문이다. 요즘에는 짧은 바지나 청바지에 슬리퍼를 신고 교회에 오는 사람들도 많다. 하지만 나는 치마 정장을 입는다. 특별히 정장을 좋아해서가 아니다. 존중하는 마음을 이렇게 표현하고 싶기 때문이다. 일터에서 전문인답게 보이고 싶고 대중 앞에서 당당하고 싶을 때도 정장을 입는다. 내가 살고 있는 마이애미가 무척 더운 줄은 알지만 교회에서조차 짧은 바지와 청바지를 보면 어쩐지 마음이 불편하다.

교회에 갈 때 정장 차림을 하고 싶어 하는 사람은 나만이 아니다. 사실 교회에 가는 옷차림만으로 보자면 내 수준은 상당히 하위에 속한다. 많은 기독교 교단에서 정교한 옷차림은 신앙생활의 기본으로 통한다. '그리스도 안에 있는 하나님의 교회Church of God in Christ' 같은 개신교 교단이 대표적이다. 정교한 옷차림의 여성은 교회에서 권위 있는 직분을 갖고 있는 경우가 많다. 내가 말하는 것은 단순한 블라우스가 아니라, 자수와 구슬 같은 것이 달려 있는 무척 값비싼 옷이다. 의복은 자신의 사회적 지위뿐 아니라 교회 내에서 역할을 가리키는 지표이기도 하다. 일부 교회에서는 여성의 차림에 관한 규정에 화장 여부와 머리 모양까지 명시한다. 외모를 거룩함의 요소로 보기 때문이다.

성직복의 칼라나 발목까지 내려오는 스커트 등은 외모와 거룩함이 상관있다고 믿기 때문에 생겨난 옷차림이다. 이런 관행의 저변에 있는 신학은 어떻게 외모를 가꾸는가가 하나님에 대한 헌신을 보여주는 지표라고 주장한다. 따라서 몸을 장식하거나 장식하지 않는 것은 단순한 거룩함의 지표 이상의 의미를 지닐 수 있다. 이 책의 앞부분에서 인용한 빈센트 밀러가 말한 대로 매디슨 가街는 예루살렘과 분명히 상관이 있고, 이 관계가 항상 부정적인 것도 아니다.

일부 교파의 경우, 신앙과 패션은 공동운명이었다. 특히 여성들에게 민감한 의복 규제가 항상 억압적이었던 것은 아니다. 덕분에 여성들은 자신들에게 부과된 많은 제약을 바꿔놓을 수 있었고, 이를 기반으로 교회의 지도자로 부상했다. 종교, 문화, 권력, 의복 등은 여성복을 중심에 놓고 교차한다. 최근에 수단의 여기자 루브나

후세인이 바지를 입었다는 죄목으로 체포된 적이 있다. 이슬람 법률은 단정치 못한 옷차림에 최고 40대의 태형에 처할 수 있기 때문이다. 하지만 국제적인 반발이 이어지자 태형 대신 200달러의 벌금형을 선고했다. 루브나는 벌금도 거부하고 감옥에 갇혔다가 훗날 풀려났다. 수단의 이슬람 법률이 단정치 못하다고 해석한 바지를 루브나는 계속 입겠다고 고집하는 중이다. 오늘날에도 어떤 옷을 입는가는 종교적이고 정치적인 행위에 해당한다.

미학 신학에는 실제로 패션과 신앙을 직접 연결시키는 분야가 있다. 이 영역을 신학적 미학이라고 부른다. 현대신학에서 점차 비중이 커지고 있는 분야이다. 아직까지 신학의 '학파'나 '분야'로 완전히 자리 잡은 것은 아니지만, 신학적 미학을 다루는 저자들은 그들의 관심사인 아름다움에 기초해 특정한 신학 양식을 개발하고 있다. 이들은 아름다움과 마주칠 때 신성을 경험하게 된다고 주장한다. 아름다움을 강조하는 입장의 바탕에는 상징과 상상력, 감정과 예술의 영역에서 신성과의 만남이 표현될 수 있다는 사상이 깔려 있다.

신학적 미학은 고도의 텍스트 중심 접근법에 교정 역할을 할 수 있다. 텍스트만으로는 인간과 하나님의 만남을 총체적으로 묘사하지 못하기 때문이다. 물론 은유적이고 시적인 면을 강조한다고 해서 형이상학적인 면을 무시해서는 안 된다. 신학적 미학은 아름다움이 하나님의 초월적 속성에 속한다고 주장한다. 즉 아름다움 자체가 하나님이 어떤 분인지 보여주는 계시의 한 측면이라고 본다. 그래서 아름다움에 대한 신학적 성찰은 인간과 계시된 아름다움의 만남에 대한 미학적 표현을 포함해야 한다.

아름다움이 곧 하나님의 속성이라는 신학적 미학을 진지하게 받아들이면, 보다 많은 신학 자원에 접근하는 길이 열린다. 문학, 예술, 역사, 건축, 음악 등 좀 더 '학문적인' 자료들도 포함된다. 예를 들어, 쇼핑과 소비주의와 미학을 연결시키기 위해 교회의 정교한 장식이나 공예품에 주목할 수 있을 것이다. 교회에서도 쇼핑을 할 수 있다는 것이다. 이 밖에 패션, 대중문화, 대중음악 등의 분야에서도 여러 실례를 찾을 수 있다.

어쩌면 오늘날 아름다움을 논하는 것은 여러 면에서 불합리하다고 여길지도 모르겠다. 우리가 '아름답다'고 말하는 것은 주관적인 의견일 뿐이라고 말이다. 신의 속성으로서 '아름다움'이나 초월적인 의미의 '아름다움'은 아예 존재하지 않는다고 주장할지도 모른다. 그러나 내가 말하는 하나님의 아름다움은 인간적 차원에서 아름답다거나 매력적이라고 묘사되는 그런 것이 아니다. 그리스도인에게 가장 큰 아름다움은 십자가에서 고난당하는 예수님의 얼굴이다. 십자가의 '꼴사나움'은 역설적으로 치욕을 통해 하나님의 영광을 보여준다. 십자가 없는 부활을 생각할 수 없듯이, 우리를 향한 하나님 사랑의 아름다움은 예수님의 고난이란 꼴사

나움을 통하여 드러난다.

그런데 궁극적으로 미학을 강조하다 보면 외적인 모습에 신학적 가치가 담겨 있다고 하지 않을 수 없다. 그럼 패션 이면에도 신학이 있는 것일까? 나는 그렇다고 주장하고 싶다. 패션의 신학은 물질에 가치가 있다는 데서 출발할 수 있다. 외모와 가치관은 상관관계가 있다는 뜻이다. 우리가 쇼핑하는 방식이 우리의 가치관을 반영한다면, 우리가 몸에 걸치는 것은 우리의 자아상이나 자신을 어떻게 보이고 싶어 하는지를 반영할 수 있다. 책을 선택할 때 표지로 판단하라고 할 수는 없지만, 외적인 모습을 무가치한 것으로 치부해서도 안 된다. 이 점을 야고보서는 다음과 같이 말한다.

> 내 형제들아 영광의 주 곧 우리 주 예수 그리스도에 대한 믿음을 너희가 가졌으니 사람을 차별하여 대하지 말라. 만일 너희 회당에 금 가락지를 끼고 아름다운 옷을 입은 사람이 들어오고 또 남루한 옷을 입은 가난한 사람이 들어올 때에 너희가 아름다운 옷을 입은 자를 눈여겨보고 말하되 여기 좋은 자리에 앉으소서 하고 또 가난한 자에게 말하되 너는 거기 서 있든지 내 발등상 아래에 앉으라 하면 너희끼리 서로 차별하며 악한 생각으로 판단하는 자가 되는 것이 아니냐(약 2:1-4).

이렇게 사람들 사이의 피상적인 판단을 두둔하는 것은 아니지만, 외모와 내면 사이의 밀접한 관계를 부인할 수는 없다. 외적인 모양은 내면과의 접촉을 통해서만 완전히 드러나듯 양자는 서로 연결되어 있다.

오늘날 소비 중심 문화에서는 아름다움을 편협하게 이해하고 있는 실정이다. 인기 있는 여성의 사진을 보면, 백인이든 라틴계든 흑인이든 누가 누군지 구별할 수 없어서 충격적이다. 성형수술이 아름다운 외모를 획일화시키기 때문이다. 하나의 가슴 사이즈, 한 가지 코 모양, 한 가지 얼굴형이 아름다운 것으로 칭송되고 있다. 그 편협한 표준에 맞지 않으면 못생긴 사람으로 치부되는 것이다. 머리 모양도 마찬가지다. 내 헤어스타일은 카리브 해 지역에서 '펠로 말로'(pelo malo, 나쁜 머리칼)로 통한다. 곱슬곱슬하고 거칠고 길들이기 힘든 머리다. 나는 거친 머리칼을 천편일률적인 아름다움의 표준대로 윤기 있는 생머리로 길들이기 위해 인생의 절반을 투자했다. 지금도 같은 짓을 계속하고 있다. 소비주의가 칭송하는 파괴적이고 편협한 미적 감각에 면역이 되지 않았기 때문이다. 하지만 진정한 아름다움은 인간이 규정한 편협한 기준의 테두리로 결코 국한되지 않는다.

나가는 말

마지막 점검

쇼핑은 일상적인 행위이다. 일상 행위를 신학적으로 성찰하는 것은 일상적인 습관에 신학적 가치를 부여하는 것이다. 일상생활이란 우리가 세상과 마주치는 지평선과 같다. 일상의 삶에는 물질뿐만 아니라 문화의 성격도 있다. 단지 기계적으로 반복되지 않는 의식적인 면모도 있다. 사적인 영역, 즉 가정의 영역으로만 국한되는 것도 아니다. 인식론적으로 말하자면, 일상생활은 '상식'과 연계되어 있다. 즉 일상생활은 사회체계의 토대에 해당하는 것이다. 이 양자는 구별할 수 없는데, 체계적인 사회구조의 모델 역할을 하는 것이 우리의 일상적인 관계이기 때문이다. 그런데도 일상생활은 세계적이고 구조적인 현상에 비해 부차적인 것으로 간주될 때가 너무 많다. 그래서 일상생활이 현실의 일부로 존재하기는 해도, 거기 내재하는 해방의 잠재력은 여전히 파악되고 있지 못하다. 그 결과 인생을 유기적인 연결체로 보지 못하고 공적 영역과 사적 영역으로 양극화시키는 일을 초래하게 된다.

일상생활은 인간이 하나님과 만나는 공간이자, 구원을 주시는 하나님의 임재를 경험하는 곳이다. 따라서 신앙의 일상적인 실천은 신학의 출발점이자 핵심 주제다. 예를 들어 라틴 아메리카 신학에서는 구체적인 삶에 대한 강조가 그 신학의 대중 신앙의 구심점 역할을 한다. 공적 영역과 사적 영역의 경계선을 뛰어넘는 일상적인 의례들은 일상생활의 통전적인 성격을 구현해준다. 일상생활은 인간이 경험할 수 있는 총체성을 고려하기 때문에 합리적이고 추상적인 신학적 모델에서 돌발적으로 벗어난다. 결국 신학적 표현의 성격과 형식을 바꾸어놓는다.

우리의 쇼핑은 대개 가정과 개인의 소비를 위한 것이지만, 쇼핑이 사적인 영역으로만 국한될 수는 없다. 페미니스트들은 '개인적인 것은 정치적인 것'이라는 구호를 외치기도 한다. 개인적인 것이 사실상 정치적으로 중요한 의미가 있다는 주장에는 개인적인 것이 사회에 영향을 준다는 뜻도 담겨 있다. 일상생활의 신학적 가치를 강조하는 것은 개인적인 것을 정치화하는 방식 중 하나이다. 우리가 가정에서 맺는 관계는 사회적 관계의 토대가 된다. 만일 여성이 아무 권한도 없고 멸시받는 가정에서 자랐다면, 일터와 정치 영역에서 권위를 가진 여성에 대해 경계할 가능성이 높다. 일상생활의 가치를 강조하는 것은, 소외된 이들의 목소리를 경청하기 위해 지식의 출처를 사적이고 추상적이고 학문적인 영역에 국한시키지 않고 오히려 확장해야 한다는 주장에 다름 아니다.

우리는 이 책에서 쇼핑의 여러 측면을 살펴보았다. 먼저 미국의 소비문화를 개관하면서 쇼핑이 미국 시민 정체성의 한 요소가 되었음을 지적했다. 무엇을 소비하는가는 우리가 누구이고 무엇을 소중히 여기며, 누가 우리를 소중히 여기는지 보여주는 잣대가 된 것이다. 우리는 신제품이나 최신 유행 상품을 구입하도록 부추기는 이미지에 끊임없이 노출되고 있는 중이다. 소비문화는 우리가 구입하는 상품의 유한성에 바탕을 두고 있다. 상품은 계속해서 신상품으로 대체되고 모든 것이 금방 유행에 뒤떨어져, 신상품이 불과 한 달 전에 구입한 것을 조잡하고 구식으로 보이게 만든다. 미국의 쇼핑문화는 소비자들에게 더 많이 구입하라고 부추기고 있다. 따라서 이 시스템 속에서는 우리가 구입하는 제품의 수명이 제한될 수밖에 없다. 만일 우리가 소유한 물건이 그런대로 쓸 만하다고 생각한다면, 계속해서 새로 나온 신제품을 구입하게 되지는 않을 것이다.

미국의 소비문화는 분수에 맞지 않는 생활을 유도해 개인을 빚더미에 앉게 할 정도로 개인의 삶에 큰 영향을 미칠 수 있다. 또 개개인을 자본 가치에 따라 평가하는 속성을 갖고 있다. 다시 말해 쇼핑을 할 수 없는 사람은 중요한 인물로 여기지 않는다. 쇼핑을 많이 하면 할수록 소비경제에서는 더욱 소중한 인물로 평가될 것이다. 이런 소비문화는 다음과 같은 세 가지 파괴적인 결과를 가져온다.

첫째, 자본 중심의 인간관이 내면화되므로 사람의 가치를 재정적인 잠재력에 기초해 평가하기 시작한다. 편협하게도 성공은 곧 경제적인 성공으로 여겨진다. 인간의 가치를 소비문화 속에서 수행하는 역할에 기초해 해석하는 것이다.

둘째, 타인을 경제적인 가치에 따라 평가하기 시작한다. 가난해서 쇼핑할 능력이 없는 사람을 정기적으로 쇼핑할 수 있는 사람보다 부족한 인물로 간주한다. 자본주의 경제에서는 돈을 쓰지 않는 사람은 중요한 인물이 아니기 때문이다.

셋째, 미국의 과도한 소비주의를 통해 지구촌 환경과 가난한 사람들에게 파괴적인 영향을 미친다. 값싼 물건을 더 많이 소비하고 싶은 미국인들의 욕구가 남반구 노동자들을 위험한 노동 환경으로 몰아넣고 있다. 미국이 현재와 같은 속도로 소비할 경우에 지구의 장래에도 파괴적인 영향을 미칠 것이다. 우리의 쇼핑이 이처럼 남을 착취하고 지구를 파괴하는데도 쇼핑에 나서는 우리의 발걸음에는 변함이 없다.

> 본인이 벌지 않은 돈을 쓰고, 원치 않는 물건을 사고, 싫어하는 사람에게 좋은 인상을 주려고 애쓰는 사람들이 너무 많다.
>
> 윌 로저스

쇼핑에 대한 기독교의 입장은 오늘날 미국 문화를 특징짓는 소비풍조가 기독교의 핵심 가치관에 상치됨을 보여준다. 하지만 모든 쇼핑이 죄악이고 기독교는 반물질적이라는 극단적인 견해에 동의할 수는 없다. 이와 관련해 제시된 성경 구절은 미국의 쇼핑 습관과 가난한 자에 대한 입장을 성찰할 수 있게 도와줄 것이다. 이들 구절은 미국인의 소비재에 대한 강박관념과 소비행위에 도전을 줄 만하다. 쇼핑 자체는 죄악이 아니지만 삶의 중심에 쇼핑을 두고 사람들을 쇼핑 능력에 따라 평가하는 것은 그리스도인의 삶에 충분히 걸림돌이 될 수 있다.

특히 부자를 비난하고 가난한 자를 칭송하는 듯한 성경 구절에 초점을 맞춘 것은 죄책감과 두려움을 불러일으키기 위해서가 아니다. 우리가 무엇을 소중하게 여기는지 재고하고, 쇼핑이 우리와 하나님과의 관계에 걸림돌이 될 수 있음을 상기시키기 위해서다. 문제는 우리가 무엇을 소유했느냐가 아니라 그 재물을 갖고 무엇을 하느냐이다. 앞서 언급했듯이, 하나님은 아무도 가난하게 되는 것을 원치 않으신다. 하지만 우리가 돈과 쇼핑을 중심으로 살지 않고 하나님을 지향하며 살기를 바라신다. 이 점은 예수님이 하나님 사랑과 이웃 사랑을 최고의 율법으로 여기신 대목에서 분명히 드러난다. 우리와 하나님의 관계는 결국 우리와 이웃의 관계로 나타난다. 우리가 동료 인간을 어떻게 대하는가는 하나님에 대한 우리의 사랑을 반영한다. 하나님은 우리의 이웃, 특히 우리처럼 생기지도 않았고 우리처럼 말하지도 않지만 우리와 같은 인간이자 하나님의 자녀인 소외된 이웃 속에서 발견되는 분이다.

성경적 기초에 이어 가톨릭의 사회 교리CST를 소개했는데, 그 이유는 이 책을 '가톨릭' 서적으로 만들기 위해서가 아니다. 미국을 사로잡고 온 세계로 퍼져가는 소비문화를 기독교 일부가 어떻게 다루는지 보여주기 위해서다. 가톨릭의 사회 교리는 공동선에 기초한다. 미국을 지배하는 개인주의와는 반대로 CST는 우리가 사회적 본성을 갖고 있고 따라서 상호의존적인 존재라고 주장한다. 우리는 서로에게 의존해 있고 또 하나님께 의존되어 있다. 개인의 이기적인 출세가 아니라 '만인을 위한 더 큰 유익'에 따라 우리의 삶을 결정해야 마땅하다.

가톨릭의 사회 교리는 이 공동선(앞서 인용한 성경 구절을 직접 반영하는)의 원리가 타인에 대한 능동적인 의무를 담고 있다고 가르친다. 우리는 그리스도인으로서 동료 인간들에 대한 책임을 갖고 있다. 이는 우리에게 부과된 부당한 의무가 아니라 하나님에 대한 사랑이 표현되는 통로로 간주되어야 한다. 쇼핑은 윤리적인 행위이다. 소비주의와 달리 기독교는 인간과 창조세계의 관계에 심오한 통찰을 제공한다. 쇼핑 행위가 인류학적 차원뿐 아니라 우주적 차원의 성찰을 유도하는 것이다. 그런 점에서 과도한 소비주의와 물질주의를 정당화하는 번영 신학은 비판적으로 재고할 필요가 있다. 일부 기독교 내에서 급성장하고 있는 번영 신학은 여러 가지 면에서 미국의 소비문화를 연상시킨다.

이 책은 미국의 현실과 기독교 입장에 대한 성찰에 이어 쇼핑에 대한 새로운 관점을 제시하고 있다. 이 책은 처세술이나 돈 쓰는 법을 제시하는 안내서가 아니다. 쇼핑을 포함한 우리의 일상 습관에 기독교 가치관을 반영할 수 있도록 도전하는 성찰에 가깝다. 그리스도인의 습관은 기독교의 지적 전통에 근거를 두어야 하므로 여기에는 신학적 사유가 필수적이다.

먼저 기독교가 반물질적이지 않다는 점을 상기할 필요가 있다. 물질세계는 하나님의 피조물인 만큼 선하다. 그러나 물질에 대한 우리의 왜곡된 욕망이 기독교의 가르침과 상충되는 가치관과 습관을 끌어들였다. 아우구스티누스의 정욕 이론은 쾌락주의적인 소비의 악순환에 빠지는 것이 위험함을 잘 보여준다. 이런 소비문화는 우리의 자아상과 동료 인간을 대하는 방식에도 파괴적인 영향을 미칠 수 있다. 우리의 쇼핑은 지구촌 반대편에 있는 가난한 자들의 삶과 생계에 영향을 미친다. 우리의 소비 행태는 그들과 연대해야지 그들을 착취하는 방향으로 나가서는 안 된다. 그리스도의 성육신은 기독교에서 결정적인 사건이다. 하나님이 인간의 몸으로 성육신하셨기에 창조세계는 영구적으로 변화되었다. 우리의 몸은 신학적 미학에서 볼 때 기독교 신앙을 나타내는 표현체이지 걸림돌이 아니다. 인간의 몸이 다시 유혹의 근원으로 환원될 수는 없다. 물질세계가 하나님의 영광을 나타내게 되었기 때문이다.

이 책은 모든 인간이 하나님의 형상으로 창조되었다는 믿음을 전제한다. 창세기 1장에서 인간은 나머지 피조물과 구별되는 존재이고, 그 독특성은 신성을 반영하기 때문임을 알 수 있다. 내가 관심을 두고 있는 사회정의, 경제, 세계화, 인종 문제 등이 신학과 무슨 관계가 있느냐고 따져 묻는 사람들이 많이 있다. 과테말라에 선교 팀과 함께 갔을 때도 토지 권리, 공정 거래 커피, 건축 프로젝트 등의 문제에 관여한다는 이유로 계속 공격을 받았다. 이런 문제들은 기독교 신앙과 아무 상관이 없다는 게 그들의 주장이다. 교회는 사람들의 영성에 관심을 갖는 곳이지 커피 값을 운운하는 곳이 아니라는 것이다. 나는 이런 입장에 강경하게 반대한다. 적어도 지금과 같은 시대 상황이라면 교회가 커피 값을 크게 염려해야 마땅하다고 본다. 인간이 진정 하나님의 형상으로 창조되었다고 믿는다면, 그 형상을 깎아내리는 것은 무엇이나 하나님을 모욕하는 일이다. 그리스도인은 당연히 이런 불의에 반응할 필요가 있다. 문제는 결국 하나님의 형상에 대한 잘못된 해석으로 귀결된다. 많은 사람들이 우리의 형제와 자매를 주체가 아닌 객체로 취급하며 온전한 인간으로 대우하지 않는데도 입을 다물고 있다. 우리 사회는 일부 사람만이 하나님의 형상을 반영한 듯 대접한다. 이런 편견은 하나님을 모욕하고 하나님이 만드신 모든 피조물의 아름다움을 부정하는 태도다.

오히려 하나님은 '소외된 자를 위한 우선적 선택'을 하시는 분이다. 그리스도인도 마땅히 이를 실천해야 한다. 그리스도인답게 사는 일은 결코 쉽지 않다. 예수님은 체제에 도전한 나머지 결국 기득권자의 손에 죽어야 했다. 우리 또한 우리를 둘러싼 불의에 반응하도록 부름 받았다. 내가 조지타운 대학교에 다닐 때 독일 신학자 디트리히 본회퍼의 글을 읽는 것이 필수과제였다. 나는 그의 삶과 가르침에 큰 감명을 받았다. 특히 본회퍼의 '값싼 은혜'는 두고두고 상기할 만하다. 기독교 신앙은 값비싼 것이다. 하나님 아들의 생명을 대가로 지불했으니 얼마나 비싼 것인가? 이렇게 값비싼 것이 우리에게 싸구려가 돼서는 안 된다. 예수님이 우리와 세상을 위해 지불하신 것을 값싸게 만들어서는 안 된다. 예수님의 가르침이 오늘날 우리에게 제기하는 도전을 값싸게 여겨서는 안 된다.

잠언은 이렇게 충고한다. "죄악에 눈이 어두운 사람은 부자가 되는 데에만 바빠서 언제 궁핍이 자기에게 들이닥칠지를 알지 못한다"(잠 28:22, 새번역). 죄악에 눈이 어두워지면 재물을 모으는 데 급급해서 장래에 가난이 닥칠 것을 생각하지 못한다. 이 구절은 형벌의 예고가 아니다. 지금 소중히 여기는 것이 반대의 결과를 가져올 수도 있다는 경고이다. 자기 삶의 중심에 재물이나 물건을 두는 사람은 하나님을 지향하는 삶을 사는 것이 아니다. 이런 인생은 세상의 지나가는 재물에 몰두하는 삶이므로 영원한 세계에서 하나님과 연합하는 것을 결코 원하지 않을 것이다. 왜냐하면 이 땅에서 사는 동안에 하나님의 은혜와 사랑이 주는 영원한 약속에 반응을 보이지 않았기 때문이다.

누가복음에서 예수님은 제자들에게 이렇게 말씀하신다. "너희 소유를 팔아 구제하여 낡아지지 아니하는 배낭을 만들라. 곧 하늘에 둔 바 다함이 없는 보물이니 거기는 도둑도 가까이 하는 일이 없고 좀도 먹는 일이 없느니라"(눅 12:33). 그러면 예수님은 우리가 모든 소유물을 팔고 빈곤한 삶을 살기를 원하시는가? 나는 그렇게 생각하지 않는다. 우리가 소중히 여기는 것을 왜 소중히 여기는지, 그런 소유물이 그리스도인다운 삶을 영위하는 데 걸림돌이 되는 것은 아닌지 재고하도록 도전하시는 것이다. 흔히 거론되는 "쇼핑하기 위해 태어났다"는 표현은 완전히 틀린 말은 아니다. 우리는 모두 쇼핑을 하지 않을 수 없다. 쇼핑은 일상생활의 일부이다. 그렇게 해서 우리는 먹기도 하고 입기도 한다. 쇼핑을 하지 않고는 먹고 입을 수 없다. 그러나 쇼핑에 지배당하는 삶은 복음이 아닌 다른 무엇에 지배되는 삶이다. 따라서 만일 '쇼핑하기 위해 산다면' 우리는 그리스도인의 삶을 살고 있지 않은 것이다.

추천도서

Alavarez, Julia. *Once Upon a Quinceañera: Coming of Age in the USA*. New York: Penguin, 2007.

Bales, Kevin. *Disposable People: New Slavery in the Global Economy*. Berkeley: University of California Press, 2004.

Beaudoin, Tom. *Consuming Faith: Integrating Who We Are with What We Buy*. Lanham: Sheed and Ward, 2003.

Crocker, David A. and Toby Linden, eds. *Ethics of Consumption: The Good Life, Justice, and Global Stewardship*. Lanham: Rowman and Littlefield, 1998.

Himes, Kenneth R. "Consumerism and Christian Ethics." *Theological Studies* 68(2007): 132-53.

Hine, Thomas. *I Want That! How We Became Shoppers*. New York:

HarperCollins, 2003.

Kavanaugh, John F. *Following Christ in a Consumer Society*. Maryknoll: Orbis, 1991.

McCarthy, David Matzko. *The Good Life: Genuine Christianity for the Middle Class*. Eugene: Wipf and Stock, 2004.

Miller, Vincent. *Consuming Religion: Christian Faith and Practice in a Consumer Culture*. New York: Continuum, 2003.

Pahl, Jon. *Shopping Malls and Other Sacred Spaces: Putting God in Place*. Grand Rapids: Brazos, 2003.

Schweiker, William and Charles Mathewes, eds. *Having: Property and Possession in Religious and Social Life*. Grand Rapids: Eerdmans, 2004.

Shell, Ellen Ruppel. *Cheap: The High Cost of Discount Culture*. New York: Penguin, 2009.

Underhill, Paco. *Why We Buy: The Science of Shopping*. New York: Simon and Shcuster, 1999.《쇼핑의 과학》(세종서적, 2011)

성찰 및 토론을 위한 질문

1.

일주일 동안 생활필수품 이외에는 절대 돈을 쓰지 않기로 결정한다면, 이를 실행에 옮길 수 있는가?

2.

저자가 미국의 소비문화를 묘사한 것처럼, 우리 나라의 소비문화를 묘사해보라.

3.

기독교 가치관을 토대로 한다면, 과도한 소비 풍조에는 무슨 문제가 있을까?

4.

오늘날 상품의 소비자와 생산자는 동떨어진 세계에 살고 있다. 소비자가 생산자의 형편을 파악하게 되면 무엇이 달라질까?

5.

이 책에서는 소비주의와 종교 의례가 접합된 실례로서 라 퀸세아네라(15세 성인식)를 들고 있다. 독자가 속한 문화에 이와 비슷한 사례는 무엇인가?

6.

성경은 영성과 물질세계의 관계에 대해 어떻게 말하고 있는가?

7.

신약성경이 정의하고 있는 우리의 이웃은 누구인가?

8.

그리스도인으로서 부자와 가난한 자의 격차를 뛰어넘기 위해서는 구체적으로 무엇을 할 수 있는가?

9.

인간의 상호관계에서 하나님과의 관계를 반영하고 있는 측면이 있다면 그것은 무엇인가?

10.

소외된 개인이나 공동체를 후원하고 있다면 어떤 계기로 시작하게 되었나? 현재 그렇지 않다면, 장래에 어떤 일에 관여하고 싶은가?

11.

가톨릭의 사회 운동은 일상적인 쇼핑 행위와 관련해 어떤 통찰력을 주는가?

12.

물질세계에 관심을 두는 것은 하나님과 관계에 걸림돌이 되는가? 그 이유는 무엇인가?

13.

쇼핑 자체는 죄악인가? 쇼핑의 유형 가운데 좀 더 죄에 가까운 유형이 있다면 무엇인가?

14.

이 책에 비추어 자신의 소비생활을 평가해볼 때 구체적으로 필요한 변화는 무엇인가?